薛仕静 著

"STEM教育+"
指向核心素养的初中科学融合教学

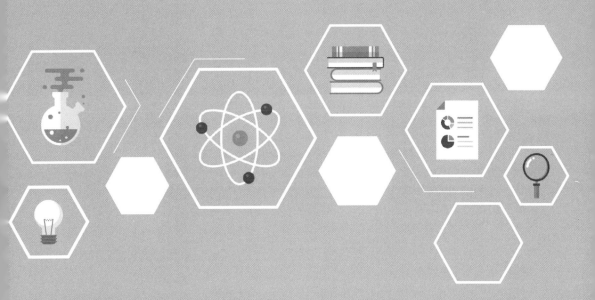

浙江工商大学出版社
ZHEJIANG GONGSHANG UNIVERSITY PRESS

·杭州·

图书在版编目(CIP)数据

"STEM 教育＋"：指向核心素养的初中科学融合教学 /
薛仕静著. — 杭州：浙江工商大学出版社，2022.5
ISBN 978-7-5178-4922-3

Ⅰ.①S… Ⅱ.①薛… Ⅲ.①初中—教学研究 Ⅳ.
①G632.0

中国版本图书馆 CIP 数据核字(2022)第 068616 号

"STEM 教育十"：指向核心素养的初中科学融合教学
"STEM JIAOYU＋"：ZHIXIANG HEXIN SUYANG DE CHUZHONG KEXUE RONGHE JIAOXUE

薛仕静 著

责任编辑	厉　勇	
责任校对	张春琴	
封面设计	雪　青	
责任印制	包建辉	
出版发行	浙江工商大学出版社	
	(杭州市教工路 198 号　邮政编码 310012)	
	(E-mail：zjgsupress@163.com)	
	(网址：http://www.zjgsupress.com)	
	电话：0571－88904980,88831806(传真)	
排　　版	杭州朝曦图文设计有限公司	
印　　刷	杭州宏雅印刷有限公司	
开　　本	710mm×1000mm　1/16	
印　　张	11	
字　　数	197 千	
版 印 次	2022 年 5 月第 1 版　2022 年 5 月第 1 次印刷	
书　　号	ISBN 978-7-5178-4922-3	
定　　价	45.00 元	

前　　言

"为什么我们的学校总是培养不出杰出的人才?"这是著名的钱学森之问,它一针见血地指出当前我国教育存在"高分低能"的弊端。如何改变这种低效的现状?如何让核心素养在初中科学教学中真正落地?

实践证明,"STEM 教育＋":指向核心素养的初中科学融合教学(简称科学融合教学)的实践探索,具有重要的价值和意义。

近 10 年来,我们遵循问题解决的研究方法与逻辑,历经主题式整合教学、基于科学实践类科学融合教学和工程实践类科学融合教学三个逐步深化的阶段,研究的主要成果如下:

首先,建构了科学融合教学的理论框架。主要包括科学融合教学的本质内涵、求真教学观和真实性、融合性、实践性的三大基本特征。

其次,研发了具有多样性、层次性、统一性的科学融合教学分类体系和基于素材、基于知识或问题、基于科学融合教学类型的课程开发路径,构建了科学融合教学课程的系统设计模型和设计原则。

最后,原创性地构建了指向核心素养的科学融合教学范式。一是它汲取了STEM 教育、项目化学习等当代教育理论的精髓,形成了以"问题驱动、支架学习、问题解决"为基本特征的两种教学范式;二是构建了促进深度学习的教学设计模型和促进科学核心素养发展的教学策略;三是教学范式具有普适性和可操作性。基于该范式,我们开发了 60 多个分布在七、八、九年级且具有典型性和可借鉴性的系列课程。

总之,从理论发展角度看,它是 STEM 教育、项目化学习等现代教育理论本土化的创新实践;从教学变革角度看,它是对原有初中科学课堂教学的重构,是初中科学整合和探究教学的迭代升级,它突破了科学教学融合不足、探究失真和工程实践缺失的瓶颈问题,为初中科学学习方式变革,促进科学核心素养落地生根提供了具有实效性的一线教改方案和经验;从课程建设角度看,它为今后科学课程综合化发展提供了可借鉴的课程融合方式、组织范式和典型案例,让课程重构具有更多的可能性和选择性。

薛仕静
2022 年 1 月

目 录
CONTENTS

第 一 章

理科综合课程的现状与发展

  课程整合是国际综合理科的发展趋势,是现代课程改革的根本问题之一,更是我国目前正在实验中的基础教育课程改革方案的重点内容之一。

  浙教版义务教育教科书《科学》(以下简称浙教版《科学》)作为国内唯一一个在全省长期实施的综合性理科课程,整合和探究是它的两大特色。相对于其他分科课程,其优势显而易见。在2022年浙江省教研室组织的以"浙江省综合科学课程建设与学生素养发展"为主题的教研论坛上,华东师范大学课程与教学研究所所长崔允漷教授说:"浙江综合科学不只是一个开什么综合课的事件,而是我国初中阶段开设综合科学的'百年梦想,浙江实现',是20世纪国际综合理科改革共同体中的'中国样本,中国经验'!"

  但也毋庸讳言,当下的科学教育依然存在着内容整合不足、科学探究失真、工程实践缺失等"高分低能"的教学现状。

第一节 初中科学教育的现状与发展趋势

浙教版《科学》作为国内唯一一个在全省长期实施的综合性理科课程,整合和探究是它的两大特色。

一、当前初中科学教学的现状

"为什么我们的学校总是培养不出杰出的人才?"这是著名的钱学森之问,它一针见血地指出当前我国教育存在"高分低能"的弊端。随着新课程改革的不断深入,初中科学教学应注重核心素养的培养已成为共识,当下初中科学课堂教学存在的问题也越发明显,现状不容乐观。

(一)内容整合不足:不利于学生整体性认识生活世界

整合是初中科学教学的一大特色。然而,无论是初中科学课程,还是初中科学教学,由于受学科为中心课程取向的影响,依然存在整合广度不足和深度不足的问题,由此而导致的碎片化学习,有悖于学生"生活世界"整体性之事实,难以满足学生终身发展的内在需求。

(二)科学探究失真:不利于提升学生解决实际问题的能力

科学探究是科学的本质特征,是科学教育的核心理念。但在实际探究教学中,我们探究的问题不少是学科问题,甚至是虚假问题:不少探究活动也仅仅停留在抓药式的操作性实验。就其本质而言,这样的探究就是假探究、低效的探究,它不仅不利于学生知识的意义建构,也不利于学生解决实际问题能力的发展。

(三)工程实践缺失:不利于发展学生的创造与创新能力

美国工程教育协会认为,工程是应用科学与数学原理、经验、判断和常识以造福人类的一种艺术,生产某种技术产品的过程或满足特定需要的体系,其突出了工程活动的创造性本质。当下的初中科学教学不乏制作类活动,由于缺乏真正的工程设计,并非真正意义的工程实践。因此,缺失工程实践的科学教学不利于学生创造和创新能力的发展。

二、初中科学教学的发展趋势

初中科学课程改革 30 余年,课程目标、组织形式以及学习活动设置等方面都发生了不小的变化,从中不难悟出初中科学教学的发展趋势。

(一)科学课程目标的嬗变:从"双基"到三维目标,再到核心素养

新课程改革之前,我们的传统教学一直强调"双基",即基础知识与基本技能;新课程改革实施后,提出教学应关注三维目标,即知识与技能、过程与方法、情感态度与价值观;近年来,基于当前我国教学中存在的种种"高分低能"的弊端,又提出了核心素养的教学目标。课程目标的这一变化是从教书走向育人这一过程的不同阶段:从培养具有扎实的基本知识技能到素质教育,再到培养完整的人。

用简单的比喻来说,落实"双基"是课程目标 1.0 版,三维目标是 2.0 版,核心素养就是 3.0 版。最近,教育部组织了 260 多位专家,修订普通高中课程标准,就是以学科核心素养为纲,编制课程标准,包括学业质量的标准,当然,也包括基于课程标准的教学与评价。

2022 年 4 月 21 日,《义务教育科学课程标准(2022 年版)》(以下简称《课程标准》)已正式出台,该《课程标准》明确指出,科学课程旨在培养学生的核心素养,为学生的终身发展奠定基础。[①]

(二)课程组织形式的发展:从分科教学到综合课程实施

半个多世纪以来,学科发展出现了高度分化与高度综合的趋势,社会生活面临越来越复杂的问题,需要综合地运用知识去解决,还有知识激增的无限性与学校课程容量有限性之间的矛盾。在分科的初中理科课程中,课程门类较杂,教材内容太多,学生负担过重;知识体系以分科为特征,各自为政,割裂了本来是完整统一的对象世界;过分强调理论知识体系,使用知识和技能方面的训练较少。从价值观上反省,分科课程实际上只是为少数未来科学精英准备的,它不能一味地为精英而牺牲大多数。因而课程的综合化问题越来越成为改革所关注的焦点,英国的"社会中的科学和技术",澳大利亚的"普通科学""自然中的人",美国的"社会中的化学",荷兰

---

① 中华人民共和国教育部.义务教育科学课程标准(2022 年版)[M].北京:北京师范大学出版社,2022.

的"社会中的物理",都是比较著名的科学—技术—社会课程,简称 STS 型综合课程。随着综合科学课程的发展,综合科学课程所包括的学科范围也正在扩展,由最早的物理、化学、生物(偶尔有地球和空间科学)的综合,发展到包括诸如结晶学、海洋科学及健康与营养等内容。科学与技术教育的综合课程也在发展,在马里兰会议上,福克(W. O. Foecke)指出当下科学和技术的区别与联系,自那时起,人们便努力在课程中将二者结合起束,从中学习解决现实生活问题的技能。[①] 同时,科学课程与其他课程领域综合的问题,也在探索中。值得注意的是,自 20 世纪 80 年代末以来,综合的概念有了进一步的发展,科学课程改革已超越了形式上的综合,发展为将科学的本质和教育的本质统一于科学探究的现代科学课程。

我国《基础教育课程改革纲要(试行)》明确指出,"改变课程结构过于强调学科本位、科目过多和缺乏整合的现状","设置综合课程,以适应不同地区和学生发展的需求,体现课程结构的均衡性、综合性和选择性","加强课程内容与学生生活以及现代社会和科技发展的联系,关注学生的学习兴趣和经验"[②]。

"课程整合"正在成为核心素养培育最为主要的路径。通过学科整合,学校可以解决过去单科教学内容过深或过浅的问题。国内一些地区在课程整合方面进行了大胆尝试与探索,共总结出学科内课程整合、学科间课程整合、跨学科课程整合、跨学段课程整合、课内外课程整合等五种整合方式。

(三)学习活动的发展:从低阶思维走向高阶思维

在 20 世纪 50 年代,美国教育研究中心的 Benjamin Bloom 教授就提出一个教育目标分类框架,叫 Bloom's Taxonomy(布鲁姆分类法)。这个框架把思维学习分为 6 个层次,自低到高依次是记忆、理解、应用、分析、评价、创造。其中记忆、理解、应用称为低阶思维;分析、评价、创造称为高阶思维。

有学者根据布鲁姆分类法,给我们传统的课堂和未来的课堂画了一幅生动、逼真的"肖像",如图 1-1 所示。

---

① 蔡铁权,姜旭英.科学课程与教学研究[M].杭州:浙江大学出版社,2008.
② 中华人民共和国教育部.义务教育课程标准[M].北京:人民教育出版社,2011.

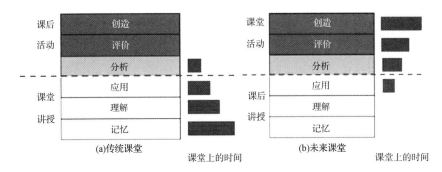

图 1-1　传统课堂和未来课堂学习活动的变化

图 1-1 中可知，我们传统的课堂教学所花的时间较多的依次是记忆、理解、应用（低阶思维）、分析（高阶思维），而作为高阶思维的评价和创造则被忽视、被缺失；而未来课堂教学的发展趋势将是对传统课堂的颠覆，也即未来的课堂，实际上就是尽量利用信息技术把我们低阶层面的东西交给学生去自学，然后更多的是活动，以发展学生的高阶思维，思维层次越高，课堂所花的时间就越多。所以，未来课堂教学和传统的课堂教学不同，很明显，传统课堂教学的大部分时间都在低阶层，未来课堂教学的大部分时间都在高阶层。

初中科学教学应如何顺应这一发展趋势？将 STEM 教育理念融入初中科学教学是一个正确的选择。

众所周知，STEM 教育是一种跨学科的融合教育模式，基于问题的学习、基于项目的学习和基于设计的学习是 STEM 教育主要的学习方式；STEM 教育强调问题真实性，强调以社会为中心的课程取向，强调从整体的角度认识和学习与科学、技术、社会密切联系的知识。它旨在培养学生批判性思维与问题解决能力、创造性和创新能力等 21 世纪的核心素养，并促使学生成为一个完整而又可持续发展的人。

按布鲁姆的说法，我们在爬金字塔，目的是爬到最高的地方，在学生创造性思维上达到最大的程度。STEM 教育就是把传统的教学做个颠倒，要腾出大量的时间来做上层的认知水平的活动。STEM 教育的"做中学""真实情况下学""合作学"，都是在培养上层的认知水平，而不是简单的记忆、理解。如图 1-1 中，传统课堂，我们花很多时间在低水平的认知循环；未来课堂，要把时间花在高水平认知的培养上。

图 1-2 所示的策略模型正是对如何从传统课堂走向未来课堂，以实现课堂转型的一种回应。

图 1-2 告诉我们：在初中科学学科教学中融入 STEM 教育理念（STEM 教育＋），即以项目化学习为基本的学习方式，必将有利于深度学习的真实发生，有利于促进学生核心素养的发展，有利于我们实现未来课堂教学的理想。

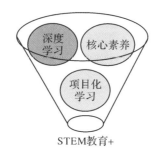

图 1-2　走向未来课堂的策略

第二节　STEM 教育研究及教学现状综述

本章第一节阐述了当前初中科学教学存在的问题和未来的发展趋势，本节主要介绍国内外 STEM 教育研究和中国实施 STEM 教育的现状，旨在回答实施科学融合教学的必要性和重要性。

一、国外 STEM 教育研究综述

20 世纪 80 年代，STEM 教育起源于美国，30 多年来，STEM 教育先后在英国、芬兰、德国、日本等国家得以发展，尤其是在美国的发展十分迅速。

（一）美国 STEM 教育发展简述

STEM 是科学（Science）、技术（Technology）、工程（Engineering）和数学（Mathematics）4 门学科的简称。STEM 教育就是集科学、技术、工程、数学多学科融合的综合教育。

1. STEM 教育起源于美国[①]

20 世纪 80 年代以来,美国深刻认识到科技教育的滑坡与缺失将会造成人才严重短缺。为了继续保持经济领域全球领导地位,1986 年,美国国家科学委员会就发布了《本科的科学、数学和工程教育》报告(Undergraduate Science, Mathematics and Engineering Education),富有创见地提出了科学、技术、工程和数学(STEM)学科集成战略,强调要"加强大学教育并追求卓越,以使美国下一代成为世界科学和技术领导者",这被认为是美国 STEM 教育的开端。在政策方面,实际上最早可追溯到 1983 年,美国杰出教育委员会(National Commissionon Excellence in Education, NCEE)发布教育报告《风险中的国家》(A Nation at Risk),其中便出现了整合科学、技术和数学的想法。为响应该报告,美国科学发展协会(American Association for the Advancement of Science)于 1985 年启动了"2061 计划"(Project 2061)。

2. 美国 STEM 教育发展简述

自 1986 年开始提出 STEM 教育的 30 多年来,美国陆续发布各种政策,选择其中对我们研究密切相关的主要文件或报告,如表 1-1 所示[②]。

表 1-1　美国 30 多年来 STEM 教育的主要文件或报告汇总

时间	主要的文件或报告	主要目的或内容
1996 年	美国国家科学基金会(NSF)发布了《塑造未来:透视科学、数学、工程和技术的本科教育》	提出将重点关注 K-12 阶段(幼儿园阶段到 12 年级阶段)STEM 教师师资的培养
2006 年	布什政府发布了《美国竞争力计划:在创新中领导世界》	提出未来 10 年政府将投入 1360 亿美元的经费,用于构建科技与教育的宏伟蓝图[③]

---

①　杨亚平.美国、德国与日本中小学 STEM 教育比较研究[J].外国中小学教育,2015(8):23-30.

②　金慧,胡盈滢.以 STEM 教育创新引领教育未来——美国《STEM 2026:STEM 教育创新愿景》报告的解读与启示[J].远程教育杂志,2017(1):17-25.

③　Domestic Policy Council, Office of Science and Technology Policy. American Competitiveness Initiative: Leading the World in Innovation[DB/OL].(2006-02-02)[2017-06-01]. https://files.eric.ed.gov/fulltextED503266.pdf.

续　表

时间	主要的文件或报告	主要目的或内容
2007 年	布什总统签署了《美国竞争力法案》	将"加强从小学到研究生的科学、技术、工程和数学综合教育"视为 21 世纪教育改革目标[①]
2010 年	奥巴马总统正式推出"变革方程"教育计划	其致力于促进中小学 STEM 课程的开展
2011 年	《K-12 科学教育框架：实践、跨学科概念和核心概念》（以下简称《框架》）	指出科学教育须面向所有学生，普及科学与工程教育，并为学生未来从事 STEM 专业领域职业奠定基础[②]
2013 年	《下一代科学课程标准》	沿承了《框架》的设计理念和目标要求，强调科学教育中的三个维度，即科学与工程实践、跨学科概念和学科核心概念[③]
2015 年	奥巴马总统签署了《每一个学生都成功法》（简称 ESSA）	关注取得教育进步的关键领域，包括鼓励地方投资和创新以促进 STEM 教学和学习，确保学生和学校取得成功
2018 年	特朗普政府发布 STEM 教育下一个五年战略计划——《制定成功之路：美国 STEM 教育战略》	为 STEM 的普及建立强大的基础；在 STEM 教育中增进多样性、公平性和包容性；为未来的 STEM 人力资源做好储备

由此可见，美国政府对 STEM 教育的重视。实践表明，STEM 教育也促进了美国核心竞争力的提升，以使其处在全世界的领先地位。

（二）德国、日本等国家开展 STEM 教育概况[④]

除了美国之外，英国、芬兰、德国、日本等国家都先后提出 STEM 教育，且极其重视 STEM 教育。英国在 2002 年就已经把 STEM 教育正式写入政府文件。2017

---

① NSB. American Competitiveness Initiative：Leading the World in Innovation[DB/OL]. (2007-12-30)［2019-08-01］https：//www. nsf. gov/pubs/2007/nsb07114/nsb07114. pdf.

② National Research Council. A Framework for K-12 Science Education ：Practices，Crosscutting Concepts，andCore Ideas ［M］. Washington DC：The National Academies Press，2012：7-15.

③ DCl Arrangements of the Next Generation Science Standards［EB/OL］. (2013-04-17)［2017-06-02］. https：//www. next genscience. org/Search-standards.

④ 杨亚平. 美国、德国与日本中小学 STEM 教育比较研究［J］. 外国中小学教育，2015(8)：23-30.

年出台了《建立我们的工业战略绿皮书》,提出在英国的现代工业战略中技术教育是核心。芬兰是一个创新性很强的国家,在芬兰的教育中,历来非常重视做中学,在 20 世纪 90 年代芬兰教育部推出了 LUMA 项目,旨在改进芬兰的 STEM 教育实践和增强学生对 STEM 学科的兴趣。

下面就以日本、德国为例做一个简要阐述。30 多年来美国的 STEM 教育发展,总体而言,美国的进程是全面、快速的,主要包括:建立以 STEM 为核心的学校,在综合性学校中设立 STEM 课程,以学校为依托建立供学校和社区使用的 STEM 教育中心等。此时,日本和德国都还未出现明确聚焦 STEM 教育的学校。在综合性学校方面,两国实施 STEM 教育则各显神通。

为了达到设定的中小学阶段 STEM 教育目标,日本正在对传统教育做了如设立 STEM 精英教育专项基金,加强 STEM 教育的教师队伍建设等方面的改进,需要特别指出的是,日本通过修改课程大纲加强中小学阶段 STEM 学科的课时和内容,并鼓励旨在增强科学教育的项目。如 2008 年日本颁布的中小学课程标准在"宽裕教育"的基础上重新大幅增加了 STEM 相关课程的课时和内容,仅初中阶段的科学教育课时就增加了约三分之一。

相比美日两国,德国则大胆创新。受 MINT(德文的 STEM)思潮影响,以培养更多的工程师和科学家为主要目标,德国新增了很多课外教育设施,称为"校园实验室"。德国国家航天与空间研究中心(Deutsches Zentrun fur Luf-tun Raumfahrt,简称 DLR)主持的 DLR 校园实验室便是其中一例。该实验室主要给有 MINT 天赋的中学生提供支持,目前已有超过 20 万学生参与过 DLR 校园实验室的项目。

由此可见,美国在学校的 STEM 教育改革方面走在日本和德国前面,不仅设立了以 STEM 教育为核心的中小学,而且在课程设置、课程要求、校园独立项目等方面做出了明确要求。日本则主要借鉴美国的经验,在中小学课程方面进行改革;德国则更倾向于建立课外 MINT 项目。

（三）STEM 教育的演变趋势:STEM→STEAM→STREAM

2006 年,弗吉尼亚理工大学的专家乔吉特·雅克曼(Georgette Yakan)又提出将"A(Art 艺术)"也加入 STEM 教育,从而将最初的 STEM 扩展为 STEAM,再到现在的 STREAM,当中又加入了 R(写作能力)。为什么要加入写作能力?美国有机构也曾做过这样的调研:美国获得诺贝尔奖的科学家和美国国家科学院院士跟一般的科学家来做比较,他们的差别在什么地方呢?大量数据表明:差别不在他们的科学素养,而在写作。如美国获得诺贝尔奖的科学家写作能力要比一般的科学家的写作能力强 20 倍,这是统计的计算,但是实际可能是 100 倍,足见写作的重要性。

那么,什么是 STEM,STEAM 和 STREAM 呢? 下面结合"自制润唇膏"的教学案例①加以说明。本教学是基于学生学习浙教版《科学》七年级上册有关量筒、天平、水浴加热、温度计等基本技能以后开展的拓展性学习。教学中,教师直接提供淘宝上购置的润唇膏外壳,只要求学生利用已有的知识技能设计制作润唇膏,这样的教学有机地融合了科学、技术、工程,属于 STEM;如果我们在教学中不提供润唇膏外壳,而是要求学生在设计制作好润唇膏后,再设计外壳(要求外壳美观、实用且低成本),并利用 3D 打印机打印润唇膏外壳,这样就融入艺术美;如果再进一步要求学生将自制的润唇膏送给父母进行感恩教育,这样又融入人文教育,此为 STEAM。如果最后我们再要求学生对"市场上名牌润唇膏的价格为什么比自制的润唇膏的价格贵很多"的现实问题展开调查研究,并写出调查报告。这样既融入了财商教育,又将写作能力有机地融入课堂,则为 STREAM。

二、国内 STEM 教育研究及教学现状综述

我国对于 STEM 教育的研究始于 2008 年左右,在近几年得以蓬勃发展,但也存在一些不容乐观的教学现状。

(一)国内 STEM 教育研究综述 ①

STEM 教育作为跨学科综合教育的有效形态,其重要性已被世界各国广泛认同。从我国科学综合课程的实施,到不同阶段国家层面的政策,乃至从国家层面来看,STEM 教育理念目前已经进入我国国家课程标准之内,如图 1-3 所示②,由此可见,STEM 教育在中国虽为新生事物,但也绝非无本之木。

---

① ② 　王素,李正福.STEM 教育这样做[M].北京:教育科学出版社,2019.

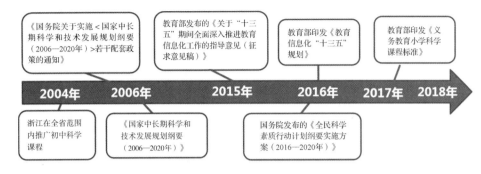

图 1-3　我国 STEM 教育的发展历程

1.早期我国的 STEM 教育更多地体现在对综合课程和学习方式的倡导上

(1)倡导实施综合课程。综合课程是我国早期的 STEM 教育实施途径。以作为理科综合的初中科学为例,初中科学课程的实验始于 1991 年 9 月。1999 年《中共中央国务院关于深化教育改革,全面推进素质教育的决定》提出,要改变课程过分强调学科体系、脱离时代和社会发展以及学生实际的状况,加强课程的综合性和实践性,重视实验课教学,培养学生实际操作能力。需要特别指出的是:2004 年 9 月,浙江在全省范围内推广浙教版《科学》教材至今。

(2)倡导教学方式的变革。2006 年《国务院关于实施〈国家中长期科学和技术发展规划纲要(2006—2020 年)〉若干配套政策的通知》中指出:"大力倡导启发式教学,注重培养学生动手能力,从小养成独立思考、追求新知、敢于创新、敢于实践的习惯。切实加强科技教育。"

2.当前 STEM 教育已被纳入国家发展政策[①]

近年来,国务院发布的各种关于科技发展的纲领性文件虽然没有明确指出要大力发展 STEM 教育,但是其所倡导的教育理念与 STEM 教育高度契合。再结合近期教育部出台的高中教育的学科课程标准等文件精神,可见,STEM 教育已被纳入国家发展政策,具体表现在如下几个方面。

(1)教育信息化政策明确了 STEM 教育发展的任务。2015 年,教育部在《关于"十三五"期间全面深入推进教育信息化工作的指导意见(征求意见稿)》中首次提出要"探索 STEM 教育、创客教育等新教育模式";2016 年,教育部又在《教育信息化"十三五"规划》中进一步要求:"有条件的地区要积极探索信息技术在众创空间、跨学科学习(STEAM 教育)、创客教育等新的教育模式中的应用,着力提升学生的

---

① 王素,李正福.STEM 教育这样做[M].北京:教育科学出版社,2019.

信息素养、创新意识和创新能力,养成数字化学习习惯,促进学生的全面发展,发挥信息化面向未来培养高素质人才的支撑引领作用。"《普通高中信息技术课程标准(2017 年版)》要求充分发挥信息技术课程特有的教学环境优势,以 STEAM 教育理念为指导,利用开源硬件开展项目学习,让学生体验研究和创造的乐趣,培养学生利用信息技术解决问题和创新设计的意识和能力。总之,STEM 教育是教育信息化内涵式发展的重要方式,明确 STEM 教育发展任务成为教育信息化新战略、新规划的重要内容。

(2)从新时期的政策来看,科学教育政策重视 STEM 教育。例如,2016 年国务院发布的《全民科学素质行动计划纲要实施方案(2016—2020 年)》提出,在义务教育阶段要基于学生发展核心素养框架,完善中小学科学课程体系。方案还提出中小学科学学科素养的概念,更新中小学科技教育内容,加强对探究性学习的指导……这与 STEM 教育的理念一致;2017 年又将 STEM 教育理念列入我国相关科学国家课程标准之内,如 2017 年教育部印发的《义务教育小学科学课程标准》明确指出:小学科学课程的内容主要包括物质科学、生命科学、地球与宇宙科学、技术与工程四个领域;《普通高中生物学课程标准(2017 年版)》要求,"注意学科间的联系",强调"生物学和数学、技术、工程学、信息科学是相互作用,共同发展的"。STEM(STEAM)及 STEM+教育出现在我国国家课程标准中,说明 STEM 教育已正式融入我国国家课程体系。[1]

3. 我国的 STEM 教育实践探索如火如荼,且初见成效[2]

(1)开始了我国的 STEM 教育的顶层设计。为配合国家战略,中国教育科学研究院 STEM 教育研究中心应运而生,并在 2017 年、2018 年先后发布了《中国 STEM 教育白皮书》《STEM 教师能力等级标准》《中国 STEM2029 行动计划》等一系列相关成果。

(2)全国各地积极探索 STEM 教育的推进方式。一是各地先后出台了 STEM 教育的相关政策文件,如广东深圳、江苏、浙江等地均出台了政策文件,开展 STEM 教育项目或开设 STEM 课程;二是各地一批 STEM 教育机构正在逐步地发展,如继上海成立 STEM 云中心之后,2018 年浙江省、江苏省、陕西省等地也先后成立了 STEM 教育协同创新研究中心。2018 年,浙江省温州市率先成立了浙南 STEM 教育协同创新研究中心,并在 2019 年开展了浙江(温州)—美国印州中小学 STEM 课程平移项目,推进了 STEM 教育在温州各地的蓬勃发展。

---

[1][2]　王素,正福. STEM 教育这样做[M]. 北京:教育科学出版社,2019.

（3）基于问题的学习、基于项目的学习、基于设计的学习等 STEM 教育常用的教学方法在一些学校开始实践与推广。尤其是基于项目的学习备受推崇，已成为当下全国教学变革的研究热点。

（4）一些比较优秀的高中和高校合作共建，落地了一批 STEM 主题实验室。

（二）我国 STEM 教学现状的简述

我国 STEM 教育虽然发展迅速，但面临"如何从国家战略高度对 STEM 教育进行顶层设计""如何健全社会联动机制""如何打通学段的整体设计""如何正确理解 STEAM 教育的内涵、基本特征及其核心理念"等诸多问题和挑战。此外，在实施过程中，教师普遍存在如下三大 STEM 教育的认识误区，进而导致 STEM 教育陷入"橘生淮南则为橘，生于淮北则为枳"的尴尬境地。

1. STEM 教育泛化和窄化现象

一是存在 STEM 教育泛化现象。即指将探究、小制作、综合实践活动简单化地等同于 STEM 教育，这是典型的"挂羊头卖狗肉""穿新鞋走老路"，此教学仍然无法改变"高分低能"的教学现状。二是存在 STEM 教育窄化现象。持这种观点的人们常认为："STEM 教育就是 STEM 教育课程。""STEM 教育必须要制作产品。""STEM 教育必须是 S、T、E、M 素养齐全。""头脑风暴就是解决工程设计问题的唯一办法。"……

这些窄化现象都好比"戴着镣铐跳舞"，禁锢了人们的思维，束缚了人们实施 STEM 教育的行为，让 STEM 教育的实践者变得畏手畏脚、举步维艰……

2. 过程形式化现象

STEM 教育有着符合自身特征的教学过程，美国康涅狄格科学中心提供了一种有效的 STEM 课程的整体思路，以工程问题解决为主线的 STEM 教学模式，如图 1-4 所示。

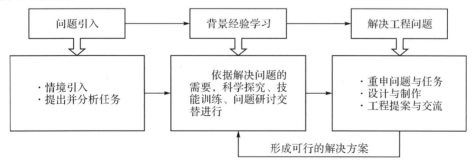

图 1-4　STEM 教学模式

该教学模式一般分为问题引入、背景经验学习和解决过程问题三大要素,而解决工程问题通常又包括重申问题与任务、设计与制作和工程提案与交流。其中在设计方案过程中,当小组学生各自完成方案设计后,往往又需要小组讨论选择最佳方案。对于"选择最佳方案"的教学环节,不少老师只知其然,而不知其所以然,走入形式主义的怪圈!

【案例】设计方案的选择

我曾全程聆听了一位美国老师上的"无人机设计与制作"一课,体验了原汁原味的美国STEM课堂,感受到STEM课堂的魅力,但课堂上"选择最佳方案"的教学片段耐人寻味。

在教学该环节时,美国老师要求某学习小组采用举手表决的方式选择最佳方案,课后,不少听课教师对此啧啧称奇,我却陷入沉思之中……在评课议课的间隙,我请教了活动承办方的一位专家:"这个环节美国老师为什么要这样处理?"专家反问道:"你可知道上课老师是什么专业背景吗?"原来上课的美国老师是社会学科专业背景,注重培养学生民主意识是社会教学中的一个重要目标,而且美国是一个宣扬民主的国家,因此,美国老师采用举手表决这一民主的方式进行方案选择的教学自有其合理的因素。但是,我们是否该有自己的理性思考? 这个环节是否还有更好的处理方式? 显然,美国老师该环节的教学已错失了培养学生分析、评价等高阶思维的机会。倘若我们也机械地照搬照抄,就陷入了STEM教学"过程形式化",导致"低分低能"的不良教学后果。

因此,在该环节教学时,我们要牢牢把握"方案选择"的教学宗旨,先让学生互动评价组内每个学生的设计方案的优劣;如果互动评价还无法确定其中的最佳方案,此时再采用举手表决的民主方式,那倒是不错的选择。

3.目标虚化现象

基于当下"过分偏重结果与知识,忽视过程与体验"的教学现状,STEM教育专家提出了"重视过程与体验,淡化结果与知识"的教学理念,得到了大家的普遍认同。但是,也有不少老师因断章取义而出现认识的误区:从一个极端走向了另一个极端,他们错误地认为,在STEM教育中,结果与知识不重要,过程与体验才重要。为此,将上述的STEM教育理念改成"结果与知识重要,过程与体验更重要"的表述,较为妥当。

【案例】知识与结果不重要吗?

还是上面提及的"无人机设计与制作"项目,提供的材料有一架可拆的无人机

(电源等不可拆分)、塑料、纸板、泡沫板、塑料杯、吸管、电烙铁、电熔枪等,要求学生利用提供的材料重新设计制作一架属于自己的无人机,并让其飞行起来。整节课就围绕这个驱动性问题展开,共经历 4 个半天、16 个课时的学习。其学习流程大致可分为 6 个阶段:

(1)问题引出:你能利用提供的材料重新设计制作一架属于自己的无人机吗?

(2)背景经验的学习(约半天):①团队建设;②最有效学习方式;③飞行器结构分析;④飞行器原理探究;⑤破冰游戏挑战赛(吹泡泡过呼啦圈);⑥演示引领项目挑战;⑦无人机的用途探索;⑧空气动力学的探秘;⑨无人机飞行挑战。

(3)设计方案(约半天):每个人先独立设计方案,然后再选择其中的最优方案,并对所选择的方案进行优化设计。提醒:①成功的关键,合作、交流、聆听、协商、反思,接受并从失败中学习、玩得开心;②画图先设计框架,设计中有任何问题都可以举手。

(4)制作无人机(约半天):①小组分工进行操作,切割、制作美观外膜、焊接、拼插;②称量无人机成品的质量,与原来的无人机模型(36 g)进行比对。

(5)测试和优化(约半天):学生将自制的无人机拿到空旷的操场上试飞,试飞过程中不断地发现问题并不断加以改进,直至达到预定要求。提醒:①飞前预设。至少要有三个猜想,如果没有成功,要找出原因,为什么没有成功? 没成功需要调整猜想。②试飞。无人机可能出现的问题:绕一个方向旋转;旋翼会出现只转三片旋翼、两片旋翼、一片旋翼的情况,很容易翻机;③不断地调整后再次试飞。

(6)沟通和交流:小组内和小组间交流项目学习过程中失败教训和成功经验,以及学习过程中的其他收获。

整个项目学习富有趣味性、探究性和挑战性,让与会老师收获满满,例如,在背景经验学习的环节中,重视团队建设;在设计方案过程中,强调人人参与方案的设计;在指导学生时,老师并没有直接告诉学生设计答案,而是告诉学生设计的方法和关键……如果问我该项目给我的最大感受是什么? 我想用一个字来概括,那就是"慢"! 那么,"慢"又表现在哪里?

一慢在"放手"。如在无人机测试环节,第四组的学生将自制的无人机拿到操场上进行测试。第一次试飞无人机仅仅转了几圈,就跌落了,学生习惯性向老师求助,老师让学生回去自己想办法解决;第二次试飞,改进后的无人机似乎比之前略有起色,但还是没有飞起来,老师又让学生自己想办法改进;第三次试飞,经过两次改进的无人机又以失败而告终,此时的学生无助、失望……老师还是狠心地摆摆手、耸耸肩——学生就在这种苦思冥想中度过,直至有学生发现:无人机飞不起来是否由于机翼装反了？于是他将手伸到无人机的上方，以感觉机翼的风向，并通过实验证实果真如此；调整好机翼后，第四次试飞，无人机终于徐徐飞起，此时学生欢呼雀跃，跳起来互相击掌、撞胸……面对这种场景，我们再一次被震撼到，这种体验必将激励、鼓舞学生一辈子，下一个发明家也许就因此而诞生。总之，放手给学生尝试错误的机会，让学生在挫折中学习。

二慢在"等待"。如在无人机的拆装设计环节，对比我们的课堂，用一个字形容是"急"，用四个字形容是"迫不及待"，不少老师认为：学生在拆装无人机之前已仔细观察过无人机，且拆分的每一步都有拍摄记录，该设计环节花 1 课时足矣。而美国老师却足足花了 4 个课时，我们感觉该老师的课堂慢得仿佛时间都凝固了似的。这位老师的"耐心"和"等待"，给足了学生自主思考和探究的时间，充分调动了学生学习的积极性，促进了学生自主学习和探究能力的发展。

三慢在"实践"。如在方案设计环节，老师要求每个学生都参与设计图纸；在制作环节，老师又要求小组做好分工，人人参与，等等，也就是说，在整个项目化学习过程中，老师都要求学生参与科学实践和工程实践。这就为学生创设了人人参与体验的机会，以让每一位学生在体验中学习，体验中成长。

在老师一片叫好声的同时，我们是否要有理性思考？于是我对学生的学习成效进行观察分析和问卷访谈（共 10 个学生），观察发现只有第 4 组学生制作的无人机成功飞起，其他都以失败告终。问卷访谈共有 2 个问题，一是"这几天学下来累不累？"学生都说："不累。"我追问："为什么不累？"学生答："有意思，有兴趣。"要知道学生是在炎热的暑假整整学了 16 个课时！二是"无人机为什么会上升？"学生都答："要有升力的作用。"我追问："有升力作用，无人机就会上升吗？"仅有 1 个学生能准确表达，其他学生有说"不知道"，有说"需较大力的作用"，有说要"轻"，还有的说"需要运气"，学生还振振有词地告诉我："老师你没有体验，你不知道，若有螺旋桨不会转，无人机就飞不起来，难道不是需要运气吗？"此时我真的无语。显然，该项目如此淡化结果和知识，在美国固有适合其发展的"土壤环境"；但在中国目前的评价体系下，学生经过 16 课时的学习，对"运动和力"这一核心的概念还依然"云里雾里"，即便这样教学会促进学生"高能"，恐怕老师和家长也不会答应。一个高质量的项目化学习理应追求"高分高能"，至少是"高能不低分"。否则，这些项目就难以本土化实施。

总之，"慢"是放手，是等待，是实践，是静待花开，更是一种尊重，尊重学生成长的规律。

但是，关于"慢教育"还有三个无法回避的问题：一是关于"慢的程度"问题。

太快是不尊重学生成长的规律,太慢则是浪费时间,因此慢要适度,慢要恰到好处;二是关于"慢在哪里"的问题。有效的教学应慢在培养学生高阶思维之处,慢在学生学习疑难之处;三是关于"怎么慢"的问题。慢是放手,是等待,是体验。

可见,慢是一种理念,是技术,更是艺术。慢不仅要让学生像科学家那样思考,像工程师那样设计与制作,也应促进学生对科学概念的深度学习。

第三节　科学融合教学的创新研究与实践

本章第一节和第二节分析了当前初中科学和 STEM 教育所存在的主要问题及科学融合教学的学理依据,回答了为什么要开展指向核心素养的初中科学融合教学的问题。本节在分析科学融合教学实践难点的基础上,一是回顾科学融合教学创新的实践历程,回答如何开展科学融合教学实践研究的问题;二是简要阐述科学融合教学的创新实践成效,回答科学融合教学开展得如何的问题。

一、科学融合教学的实践难点

科学融合教学即指将 STEM 教育理念有机融入初中科学教学,以促进初中学生科学核心素养的发展。毋庸置疑,实施科学融合教学难度不少,主要表现在如下三个方面。

(一)融合广度不足:STEM 教育融入初中科学教学的瓶颈

一是由于初中科学教育是以学科为中心的课程取向,而 STEM 教育强调以社会为中心的课程取向,其"杂乱无章"的生活情境决定了解决这些问题所需知识的无序性和跳跃性,因而,不少的 STEM 教育活动都因学生缺乏必备的知识和技能而无法实施;二是由于教学中并非所有的科学知识都有适合其学习的 STEM 活动。因而适合融合教学的内容不多,进而导致融合的广度不足。

(二)融合缺乏深度:国外的教学模式存在水土不服的僵局

STEM 教育、项目化学习等教学理论源于西方,常出现"橘生淮南则为橘,生于淮北则为枳"的状况。在本土化实施中,如何避免"穿新鞋走老路"和"戴着镣铐跳舞"等"三不像"行为是科学融合教学的又一难点。

(三)融合效度有限:科学关键能力难以真正落地的困境

在科学融合教学中,如何避免学科关键能力目标无序化、形式化和虚化现象,让学科关键能力真正落地,是科学融合教学的第三个难点。

二、科学融合教学的实践历程

本项目研究主要运用问题解决的思维方法,研究的技术路线如图 1-5 所示。一是运用调查法主要研究初中科学教学的"高分低能"和 STEM 教学的"高能低分"等现状,开展科学融合教学的新样态研究;二是从突破科学融合教学难点的角度,主要运用案例研究法、文献法和行动研究法分析、归纳相应的方法与策略(如从"融合广度不足"的难点入手,考虑如何建构不同的分类体系;从"融合缺乏深度"的难点入手,考虑如何构建科学融合教学范式;从"融合效度有限"的难点入手,考虑如何总结实施原则和关键策略等);三是主要运用行动研究法和经验总结法,将开发的各类课程付诸课堂实践,检验是否能促进科学核心素养,并反思优化相关课程,乃至相关的教学范式、实施原则和关键策略,以增大融合广度、深度和效度,进而促进科学核心素养的发展。

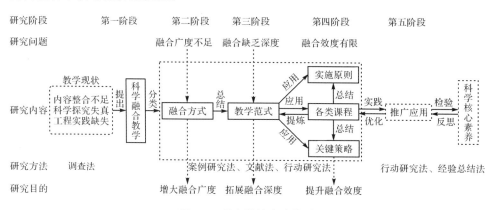

图 1-5　研究的技术路线图

根据研究的技术路线图,具体的研究步骤如下。

第一阶段:聚焦教学现状,确定研究主题并分析科学融合教学的难点(2018 年3 月—6 月)

项目组主要是通过调查研究发现当下科学教学存在的主要问题,并在查阅

STEM 教育相关文献的基础上,提出将 STEM 教育理念融入科学教学的主张,进而确定科学融合教学研究主题,并研究初中科学教材中可融入 STEM 教育理念的内容,分析归纳科学融合教学的难点。

第二阶段:聚焦"融合广度不足",研究与讨论科学融合教学方式(2018 年 6 月—9 月)

基于"融合广度不足"的难点问题,一是研究融入的 STEM 教育活动有哪些形态;二是在不改变知识逻辑关系的前提下,研究 STEM 教育理念融入科学教学有哪些方式;三是这些融合方式可在哪些课型中应用。

第三阶段:聚焦"融合缺乏深度",研究与讨论科学融合教学范式(2018 年 9 月—2019 年 3 月)

基于"融合缺乏深度"的难点问题,一方面组织教师学习教学设计理论和 STEM 教育的学习模式等当代教育理论;另一方面在实践中反思、总结科学融合教学范式,并撰写学术论文发表在核心刊物上,供各地专家学者审读和研讨。

第四阶段:聚焦"融合效度有限",开发课程及总结实施原则和关键策略(2019 年 3 月—9 月)

基于"融合效度有限"的难点问题,通过培训活动提升试点学校和项目组骨干教师的课程开发能力,并依托这批骨干教师开发各种课程。所开发的课程一是为后续实施者提供样例,二是付诸实践,并反思、完善课程及其实施范式、原则和关键策略。

第五阶段:聚焦推广应用,在实践中持续检验和反思提升研究成果(2019 年 9 月至今)

聚焦"科学核心素养能否落地"这一关键问题,通过开展试点学校专场展示和研讨,在实践中进一步检验科学融合教学方式、范式及实施原则等有效性,并在不断反思中完善各研究成果。最后再邀请省市专家对研究成果进行鉴定,根据专家意见反复修改和不断完善研究成果。

三、科学融合教学的实践成效

近年来的实践证明,科学融合教学成效显著,主要是在理论成果和实践效果两个方面取得突破。

(一)理论成果创新

科学融合教学是 STEM 教育的本土化创新实践,是科学教学的一种新样态,有利于打破科学教学"融合不足"的僵局,有利于突破"科学实践失真"和"工程实践缺失"的瓶颈问题,促进科学整合和探究教学的迭代升级。

1.样态创新:科学教育"整合与探究"的迭代升级

本研究在汲取了建构主义、探究式教学等当代教育理论的基础上,创建了科学融合教学的理论框架,提出科学融合教学的求真教学观,为 STEM 教育、项目化学习等教育理论的本土化实施提供了红色基因,体现了科学教学的大德育观。相对于基于问题和基于主题式教学的整合与探究教学,科学融合教学作为科学教学的新样态,它以项目化学习为基本的学习方式,有效地推动了科学教学从整合向融合,从探究向实践的转型升级,有利于促进学生科学核心素养的发展。

2.分类体系创新:打破了科学融合教学广度不足的僵局

由于科学融合教学的分类体系具有层次性、多样性等特点,且又可根据实际进行适当组合、互补搭配,它有利于突破以社会为中心取向的课程建设难点,提升科学融合教学的融合广度,变碎片化学习为整体性学习,为科学课程从整合向融合的转型升级提供了新方案、新样本。

3.范式创新:突破了科学融合教学深度不足的瓶颈问题

科学融合教学的教学范式:一是汲取了 STEM 教育、项目化学习等当代教育理论的精髓;二是形成了科学融合教学的基本特征,建构了充分体现各种科学融合教学分类特点的多样化范式,它具有简洁明了、可操作、可借鉴性强等特点;三是教学范式的各要素均指向核心素养中关键能力的发展,且总结开发了教学范式的有效实施策略。因而,该教学范式不仅促进了教学内容的融合,更重要的是促进了学习方式的融合,变浅层学习为深度学习。

(二)实践创新:打破学科关键能力"难以落地"的僵局

科学融合教学在实践方面的创新主要表现在:一是促进了学生科学核心素养的发展;二是促进了骨干教师专业素养的提升。

1.促进学习:提升了学生学科关键能力的发展

我们在 3 个试点学校开展对照实验研究,每个试点学校都选择在七年级学生中学习状态、科学素养等相近的两个班级分别作为实验班和对照班,并从第二学期开始对照实验。一年后,我们选择学科关键能力发展情况进行实证研究,如表 1-2 所示,结果表明,实验班学生的关键能力得到了显著发展。

表 1-2　指向关键能力的实证研究

关键能力	测评数据图表	结论
大概念的运用能力（从解决简单问题和复杂问题两个角度进行比较）	**科学大概念运用比较（得分率）** 纵轴：100% 80% 60% 40% 20% 0%　图例：实验班、对照班 横轴：解决较简单问题、解决较复杂问题	实验班学生在运用"结构与功能"大概念解决复杂问题时优势明显
问题解决能力（以创设和使用模型能力为例）	**创设和使用模型能力比较（人数百分比）** 纵轴：80% 60% 40% 20% 0%　图例：实验班、对照班 横轴：前结构、单点结构、多点结构、关联结构、抽象拓展 （采用 SOLO 分类评价方法对"说理题"答题情况进行分析）	实验班学生运用科学建模方法解决实际问题的思维层次明显高于对照班学生
批判性思维（从提出一般的质疑观点和高质量的质疑观点两个方面进行比较）	**批判性思维能力比较（人数百分比）** 纵轴：100% 80% 60% 40% 20% 0%　图例：实验班、对照班 横轴：提出一般的质疑观点、提出高质量的质疑观点 （八年级下册"电动机"课堂观测）	实验班学生提出高质量质疑观点的人数明显较多，说明实验班学生的批判性思维能力已明显超过对照班学生
创造与创新（分为模仿、改进和创生三个层次进行分析）	**创造与创新能力比较（人数百分比）** 纵轴：80% 60% 40% 20% 0%　图例：实验班、对照班 横轴：模仿、改进、创生 （八年级下册"装配直流电动机"课堂观测）	实验班学生"改进和创生"两个维度的能力明显优于对照班学生

　　实际上，近年来这些学生在浙江省和温州市青少年科技创新评比、温州市"小科学家"评比活动中，捷报频传，从另一个侧面再一次印证上述的观点。

2.促进成长:在研究中提升了骨干教师的专业素养

(1)提升了骨干教师的科学融合教学设计能力和教学水平。近年来,项目组成员运用科学融合教学的范式和策略参加省、市的各种教学评比,成绩显著。评上浙江省正高级教师1人,温州市名师1人,温州市"三坛"10余人,高级教师近20人,获温州市优质课一等奖2人。

(2)提升了骨干教师的教科研水平。近年来,项目组成员市级以上获奖和发表的论文、案例30多篇,其中在核心刊物发表和省、市一等奖的20多篇,研究省市课题5项,编著1本STEAM课程,成果在省、市、区分享100余次,因此,项目负责人还获得2019年度浙江省教科先进个人。

3.提升质量:科学融合教学助推了试点学校教学质量的提升

项目组全体成员在实施科学融合教学的过程中,助推了试点学校初中科学教学质量的稳步提升。2018—2019年,3所试点学校的平均分增量与区平均分增量的对比,呈明显增加,如图1-6所示。

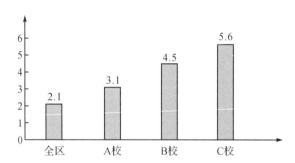

图1-6 试点学校平均分增量与区平均分增量比较

(三)辐射推广:获得省内外业内专家的高度认可

近年来,研究成果以各种形式在全国各地辐射推广,得到专家、一线教师和学生们的广泛认同。

1.得到公认:研究成果多次在省市获奖或发表于全国学术核心期刊

具体情况如表1-3所示。

表 1-3　课题阶段性成果主要获奖或发表情况

课题成果获奖情况	时间	课题成果发表情况	时间
教学成果《教学重构与创新:PBL视野下的初中科学融合教学的实践研究》获2019年温州市教学成果一等奖	2020年3月	著作《指向初中科学核心素养的STEAM课程》由浙江工商大学出版社出版	2019年11月
论文《融合·创生:指向核心素养的科学融合教学策略的创新实践》获省一等奖	2019年12月	论文《初中科学PBL新课教学范式的实践探索》在全国中文核心期刊《生物学教学》发表	2018年10月
课题"课堂重构与创新:STEM教育理念下的初中科学融合教学的实践研究"获市一等奖	2019年12月	论文《基于STEM教育理念的物理复习教学范式的实践与思考》在全国中文核心期刊《物理教学》发表	2019年3月
论文《STEAM教育理念下的初中科学融合教学范式的创新实践》获市一等奖	2019年6月	论文《基于PBL的初中科学复习教学范式的实践探索》在全国中文核心期刊《中学生物教学》发表	2018年12月
论文《STEAM教育视野下的科学课程重构的实践与思考》获市一等奖	2018年6月	论文《"STEM教育+":基于科学的学科融合教学的策略研究》在全国中文核心期刊《教学月刊》发表	2019年1月
"STEM教育+"教研项目2次被评为温州教研亮点项目	2018—2019年	论文《STEM教育理念下的初中科学融合教学》在核心期刊《福建教育》发表	2019年3月
STEM案例评比,1篇获省二等奖,2篇获市一等奖,1篇获市二等奖	2018年	论文《基于核心素养的教学设计——以"神经调节"一节为例》在《中学生物教学》发表	2018年8月
—	—	2篇STEM教育论文在《温州教育》发表	2019年1月

2.辐射推广:受邀到省内外各地分享研究成果

从2018年开始在温州市鹿城区、瓯海区、平阳县等20余所学校推广应用研究成果,不仅获得学校师生的高度认同,还获得省市相关专家高度认可。受邀到全国各地进行课堂展示或专题报告100余次,如受邀到"STEM教育+":指向核心素养的科学融合教育的全国学术研讨会、教育部组织的"国培班"、浙江省教育厅教研室组织的初中科学疑难问题解决的专题研讨会，以及受邀参加浙江省教育厅组织的四川送教和"百人千场"送教嘉兴等活动，向来自北京、上海、重庆、广东、浙江、山东、甘肃、陕西、江苏、新疆、福建、内蒙古等全国各地的老师推广研究成果 100 余次，被浙江教研网、中国教育云、新浪、凤凰网等媒体等多次予以报道，获得业内专家的一致好评。

　　实践表明，这些方法策略突破了科学融合教学的难点，增大了融合的"广度""深度"和"效度"，它既促进了学生科学核心素养的发展，又提升了教师的专业素养。从理论发展角度看，它是 STEM 教育、项目化学习、首要教学原理等现代教育理论的本土化创新实践；从教学变革角度看，它为 STEM 教育融入基础学科教育提供了有效性样例，也为学习方式变革提供了具有实效性的一线教改方案和经验；从课程建设角度看，它为今后科学课程综合化发展提供了可借鉴的课程整合方式、组织范式和典型案例，让课程重构具有更多的可能性和选择性。

第 二 章

科学融合教学的理论基础

科学融合教学研究是在当代教育理论的指导下展开与实施的。在研究中，我们深深感到理论指导的重要性，因为合适的理论指导不仅有利于我们明确研究的方向，又有利于我们拓展研究的视野，更重要的是它还有利于我们在研究中进行理性的思考和有效的实践，以确保研究的实效性和创新性。

本研究主要借鉴了如下三个方面的教育理论：

一是建构主义学习理论，我们主要汲取了"学为中心""做中学"等学习理论，明确了"学为中心"的生本思想，丰富了科学融合教学的本质内涵；

二是探究教学的方法理论，我们主要汲取了"STEM教学模式""项目化学习"等方法理论，构建了科学融合教学范式；

三是促进学习的教学设计理论，我们主要汲取了首要教学原理、ARCS[Attention(注意)、Relevance(关联)、Confidence(信心)和 Satisfaction(满意)的首字母]动机设计模型等教学设计理念，总结了科学融合教学课程与教学的设计策略。

可见，这三个方面的教育理论相辅相成、相得益彰。

第一节　建构主义学习理论

学习是如何发生的? 有哪些规律? 学习是以怎样的方式进行的? 近百年来, 教育学家和教育心理学家围绕着这些问题, 从不同角度, 运用不同的方式进行了各种研究, 试图回答这些问题, 也由此形成了各种各样的学习理论。

建构主义的最早提出者可追溯至瑞士的皮亚杰(J. Piaget)。20 世纪 80 年代以来, 建构主义学习理论在科学教学领域中逐渐流行起来, 形成科学教育全面革新的一股主要力量。澳大利亚著名科学教育家马修斯(Matthews)指出:"建构主义是当代科学与数学教育中的一种主要影响。"

在皮亚杰的认知发展学说和奥苏贝尔(Ausubel)的意义学习理论等基础上, 从建构主义的角度出发, 在世界各国已掀起了一阵科学教育改革的热潮。下面重点介绍与科学融合教学密切相关的建构主义学习理论。

一、皮亚杰的认知发展学说

皮亚杰作为建构主义的先驱, 他的认知发展学说为建构主义的发展奠定了基础。

(一)皮亚杰学说的基本观点

皮亚杰对认知发展的研究始于 20 世纪 30 年代, 皮亚杰的建构主义的基本观点:儿童是在与周围环境相互作用的过程中, 逐步建构起关于外部世界的知识, 从而使自身认知结构得到发展的。

(二)认知发展的基本过程

在皮亚杰理论中, 结构或图式是一个核心的概念。皮亚杰认为, 认知发展得以发生的主要机制被称为平衡, 而平衡的基础是学生已有的图式, 且平衡可以通过适应, 即同化(assimilation)和顺化(accommodation)两种过程获得。

可见, 其认知发展是受同化、顺化和平衡三个基本过程影响的。

1.同化(assimilation)

同化是指个体对刺激输入的过滤或改变的过程。也就是说,个体在感受到刺激时,把它们纳入头脑中原有的图式之内,使其成为自身的一部分,就像消化系统将营养物吸收一样。

2.顺化(accommodation)

顺化是指有机体调节自己内部结构以适应特定刺激情境的过程。顺化是与同化伴随而行的。当个体遇到不能用原有图式来同化新的刺激时,便要对原有图式加以修改或重建,以适应环境,这就是顺化的过程。可见就本质而言,同化主要是指个体对环境的作用,顺化主要是指环境对个体的作用。

3.平衡(equilibration)

平衡是指个体通过自我调节机制使认知发展从一个平衡状态向另一种较高平衡状态过滤的过程。平衡过程是皮亚杰认知发展结构理论的核心之一。皮亚杰认为,个体的认知图式是通过同化和顺化而不断发展,以适应新的环境的。就一般而言,个体每当遇到新的刺激,总是试图用原有图式去同化,若获得成功,便得到暂时的平衡。如果用原有图式无法同化环境刺激,个体便会做出顺化,即调节原有图式或重建新图式,直至达到认识上的新的平衡。同化与顺化之间的平衡过程,是认识上的适应,也是人类智慧的实质所在。

需要重申的是,平衡状态不是绝对静止的,是通过个体与环境相互作用,过渡到一种较高水平的平衡状态。这种平衡连续不断地发展,就是整个认知发展的过程(皮亚杰,1981)。平衡是个体在连续不断地与环境交互作用和变化过程中保持相对稳定性的一个重要因素。

皮亚杰认为,平衡是一种内在的、器质性的属性。这样,只有存在不平衡或认知冲突时,才会出现认知发展。也就是说,当儿童经历认知冲突时,他们采用同化或顺化的过程来建构或改变其内部结构,学习便因此发生了。[1]

(三)皮亚杰关于学习的原理[2]

皮亚杰坚持认为,只有在学习者仔细思考时才会导致有意义的学习。学习的结果,不只是知道对某种特定刺激做出某种特定反应,而是头脑中认知图式的重

---

① 戴尔·H.申克.学习理论:教育的视角[M].书小满,等,译.南京:江苏教育出版社,2007.

② 施良方.学习论[M].北京:人民教育出版社,2003.

建。决定学习的因素不是外部因素(如个体生理成熟),而是个体与环境的交互作用。在他看来,对儿童思维运演变化过程的描述,本身就构成了对学习的解释。

1.学习从属于发展

皮亚杰认为,儿童学到些什么,取决于他的发展水平。并不是儿童看到的每一件事情都可以充作引发儿童做出反应的刺激的。

2.知觉受制于心理运演

皮亚杰认为,知觉是一种主动的、有目的的搜索活动,而不是毫无目的的扫视。

3.学习是一种能动建构的过程

在皮亚杰看来,学习并不是个体获得越来越多外部信息的过程,而是学到越来越多有关他们认识事物的程序即建构了新的认知图式。皮亚杰研究的重点主要是放在学习者在解决问题时,认知是如何发生变化的。他认为儿童学到的是一种解决问题的程序,或者说,形成了一种新的创造性的认知图式。

4.错误是有意义的学习所必要的

皮亚杰认为,让学生犯错误是应该的。为了使学生从事自我调节——这是平衡过程的实质性部分,学生需要经历某些冲突或不平衡。错误会引起学生顺化自己的知识结构,并把所观察到的结果同化到修正过了的知识结构中去。

5.否定是一种有意义的学习

皮亚杰认为,通过否定的行动解决矛盾、消除差异、排除障碍或填补间隙,这些都是否定的形式。随着儿童的发展,他们使用不同的否定类型;当儿童学习一个具体的概念时,会表现出不同的否定水平。

二、维果茨基的理论

维果茨基的理论是一种辩证建构主义的学说,它强调社会环境是发展与学习中的一个重要因素。20 世纪 30 年代,维果茨基提出了他的"最近发展区"理论。最近发展区(Zone Of Proximal Development,简称 ZPD)是维果茨基理论的一个关键概念。

(一)最近发展区

维果茨基认为心理发展可以分为两个层次:一是"实际的发展水平"(real level of development),这是个体能够独立解决问题的层次;二是"潜在的发展水平"(potential level of development),这是在成人的引导或是与更有能力的同伴合作下,可以解决问题的层次。这两个层次的差距就是所谓的"最近发展区","最近发展区"也是指在恰当的教学条件下,学生可能达到的学习量(Day,1983)。这在很大程度上是测验学生发展的准备程度或在特定领域内的智力水平(Campione,Brown,Ferrara,& Bryant,1984),可将之看作智力概念的一种不同说法。

(二)教学必须指向"最近发展区"

维果茨基认为,好的教学应走在发展的前面,即教学必须指向"最近发展区"。在"最近发展区",教师和学习者同时完成一个任务,这个任务的难度使学习者无法独立完成,其实质表现为,儿童在自己的这一发展阶段还不能独立,但可以在成人的帮助下做事。由此,维果茨基认为:"教育学不应当以儿童发展的昨天,而应该以儿童发展的明天为方向。只有这样,教育学才能在教学过程中,激发起那些目前尚处于最近发展区内的发展过程。"①

当教学任务处在学生的"最近发展区"时,维果茨基强调同伴合作,他认为当教师和学生共享文化工具时,就促成了认知的发展,当学习者将这种由文化做中介的互动进行内化时,认知的发展就产生了(Brunning et al.,1995;Cobb,1994)。研究显示,当每一个学生都分担一些责任,而且在所有人都完成任务之前、不允许任何人进行下面的活动时,合作小组是最有效的(Slavin,1983)。

当教学任务不处在学生的"最近发展区"时,维果茨基认为,我们的教学应对那些超出学生能力的任务元素加以控制,从而使学生将注意力集中到他们能力所及的任务内容上,并快速地掌握它们(Brunning et al.,1959)。以建筑工程中使用的脚手架做类比,称为教学支架。教学支架有5个基本功能:提供支持、具有工具的性能、扩展学习者所能达到的范围、使学生能完成本来不可能完成的任务、只有在需要的时候才选择使用。其中的关键是,要保证支架一直使学生处于其最近发展区之内,在学生能力有所发展的时候,这个支架要做出调整。

三、奥苏贝尔的意义学习理论②

奥苏贝尔在他最有影响的著作《教育心理学:一种认知观》第二版的扉页上写道:"如果我不得不把教育心理学的所有内容简约成一条原理的话,我会说:影响学习的最重要的因素是学生已知的内容。弄清了这一点后,进行相应的教学。"可以说,这一条原理是奥苏贝尔整个理论体系的核心,他所论述的一切,都是围绕这一

---

① 高文.教学模式论[M].上海:上海教育出版社,2002.
② 施良方.学习论[M].北京:人民教育出版社,2003.

原理展开的。

奥苏贝尔教育心理学中最重要的观念之一,是他对意义学习(meaningful learning)的描述。有意义学习是与机械学习相对的,其实质在于符号(语言文字及其符号)所代表的新知识与学习者认知结构中已有的适当观念,建立起非任意的和实质的联系。

(一)意义学习的条件

意义学习的产生既受学习材料性质的影响,也受学习者自身因素的影响。所以,要判断学生的学习是有意义的或是机械的,奥苏贝尔认为,意义学习有两个先决条件。

(1)学生表现出一种意义学习的心向,即表现出一种在新学的内容与自己已有的知识之间建立联系的倾向。

(2)学习内容对学生具有潜在意义,即能够与学生已有的知识结构联系起来。

所以,影响课堂教学中意义学习的最重要因素是学生的认知结构。奥苏贝尔认为,当学生把教学内容与自己认知结构联系起来时,意义学习便发生了。所谓认知结构,就是指学生现有知识的数量、清晰度和组织方式,它是由学生眼下能回想出的事实、概念、命题、理论等构成的。

(二)意义学习的心理机制

奥苏贝尔认为,意义学习的心理机制是同化(assimilation),而同化是以学习者原有的认知结构为基础的。

同化是奥苏贝尔学习论中的一个核心概念,它最初是由皮亚杰提出的。奥苏贝尔对同化这个概念赋予了特定的内涵,他认为,有意义学习是通过新信息与学生认知结构中已有的有关概念的相互作用才得以发生的,也就是学习者认知结构中的原有知识吸收并固定要学习的新知识的过程。这种旧知识对新知识的作用,被称为同化。同化的结果,就是新知识被掌握(理解与保持),而原有认知结构发生变化。

(三)学习组织的主要原则及应用

"知识爆炸"的大背景下,知识的急剧增长,如何使学生将来能适应瞬息万变的信息社会?奥苏贝尔提出"逐渐分化""整合协调""序列组织"和"巩固"四条原则,其中前两条为学习组织的主要原则。

1. 主要原则——逐渐分化和整合协调

根据逐渐分化的原则(principle of progressive differentiation),学生首先应该学习最一般的、包摄性最广的观念,然后根据具体细节对它们逐渐加以分化。奥苏贝尔认为,当学生认知结构中已有的、包摄性较广的、与新知识特别有关的概念能被用来作为理想的固定点时,学习和保持新知识就最为有效。

整合协调的原则(principle of integrative reconciliation)是指如何对学生认知结构中现有要素重新加以组合。奥苏贝尔认为,所有导致整合协调的学习,同样也会导致学生现有知识的进一步分化。因此,整合协调是在意义学习中发生的认知结构逐渐分化的一种形式。

2. 主要原则的应用——先行组织者的策略

奥苏贝尔就如何贯彻逐渐分化和整合协调的原则,提出了具体应用的策略:先行组织者(advance organizer)。

先行组织者是从"组织者"一词演化而来的。奥苏贝尔认为,促进学习和防止干扰的最有效的策略,是利用适当相关的和包摄性较广的、最清晰和最稳定的引导性材料,这种引导性材料就是所谓的组织者。由于这些组织者通常是在呈现教学内容本身之前介绍的,因此又被称为先行组织者。先行组织者有助于学生认识到:只有把新的学习内容的要素与已有认知结构中特别相关的部分联系起来,才能有意义地习得新的内容。

皮亚杰、维果茨基等学习理论反映了建构主义的思想,认为知识并不是自动获得的,而是学习者建构其自身的理解而形成的。建构主义的理论也各有所不同,有的假设是完全的自我建构,有的认为是社会性媒介的建构,奥苏贝尔则主张认知建构要与现实相匹配。建构主义者使我们关注到这样的事实:我们组织教与学的活动时,必须使学生的思想受到充分的挑战,以使学生们能建构起新的知识。[①]

四、当代的建构主义学习理论[②]

当代建构主义学习理论是在皮亚杰的认知发展学说和奥苏贝尔意义学习理论等基础上的又一次大综合和大发展,反映当代社会对教育改革和创造性人才培养的需求。

① 戴尔·H. 申克. 学习理论:教育的视角[M]. 书小满,等,译. 南京:江苏教育出版社,2007.
② 何克抗. 建构主义——革新传统教学的理论基础[J]. 学科教育. 1998(3):29-31.

(一)建构主义的学习环境

建构主义学习理论认为"情境""协作""会话"和"意义建构"是学习环境中的四大要素或四大属性。

1.情境

学习环境中的情境必须有利于学生对所学内容的意义建构,在建构主义学习环境下,教学设计不仅要考虑教学目标分析,还要考虑有利于学生建构意义的情境的创设问题,并把情境创设看作教学设计的最重要内容之一。

2.协作

协作应该贯穿于整个学习活动过程中。教师与学生之间、学生与学生之间的协作,对学习资料的收集与分析,假设的提出与验证,学习进程的自我反馈和学习结果的评价,以及意义的最终建构都有十分重要的作用。

3.会话

会话是协作过程中的不可缺少环节。学习小组成员之间必须通过会话商讨如何完成规定的学习任务的计划;此外,协作学习过程也是会话过程,在此过程中,每个学习者的思维成果为整个学习群体所共享,因此会话是达到意义建构的重要手段之一。

4.意义建构

这是整个学习过程的最终目标。在学习过程中帮助学生意义建构就是要帮助学生对当前学习内容所反映的事物的性质、规律以及该事物与其他事物之间的内在联系达到较深刻的理解。这种理解在大脑中的长期存储形式就是前面提到的"图式",也就是关于当前所学内容的认知结构。

(二)建构主义的教学原则

建构主义的教学原则是建构主义的课堂教学所依据的法则或标准。

(1)把所有的学习任务都置于为了能够更有效地适应世界的学习中。

(2)教学目标应该与学生的学习环境中的目标相符合,教师确定的问题应该使学生感到就是他们本人的问题。

(3)设计真实的任务。真实的活动是学习环境的重要的特征。就是应该在课堂教学中使用真实的任务和日常的活动或实践整合多重的内容或技能。

(4)设计能够反映学生在学习结束后就从事有效行动的复杂环境。

（5）给予学生解决问题的自主权。教师应该刺激学生的思维，激发他们自己解决问题。

（6）设计支持和激发学生思维的学习环境。

（7）鼓励学生在社会背景中检测自己的观点。

（8）支持学生对所学内容与学习过程的反思，发展学生的自我控制的技能，成为独立的学习者。

（三）建构主义的教学模式

目前已开发出的、比较成熟的教学模式主要有支架式教学（Scaffolding Instruction）、抛锚式教学（Anchored Instruction）、随机进入教学（Random Access Instruction）三种。

根据欧共体"远距离教育与训练项目"的有关文件，支架式教学被定义为："支架式教学应当为学习者建构对知识的理解提供一种概念框架（conceptual framework）。这种框架中的概念是为学习者对问题的进一步理解所需要的，为此，事先要把复杂的学习任务加以分解，以便于把学习逐步引向深入。"很显然，这种教学思想来源于苏联著名心理学家维果茨基的"最近发展区"理论。

抛锚式教学要求建立在有感染力的真实事件或真实问题的基础上。由于抛锚式教学要以真实事例或问题为基础（作为"锚"），所以有时也被称为"实例式教学"或"基于问题的教学"。建构主义认为，学习者要想完成对所学知识的意义建构，即达到对该知识所反映事物的性质、规律以及该事物与其他事物之间联系的深刻理解，最好的方法是让学习者到现实世界的真实环境中去感受、去体验（即通过获取直接经验来学习），而不是仅仅聆听别人（例如教师）关于这种经验的介绍和讲解。

随机进入教学的基本思想源自建构主义学习理论的一个新分支——"弹性认知理论"（cognitive flexibility theory）。它是指为了克服"由于事物的复杂性和问题的多面性，要做到对事物内在性质和事物之间相互联系的全面了解和掌握是很困难的"的弊端，学习者可以随意通过不同途径、不同方式进入同样教学内容的学习，从而获得对同一事物或同一问题的多方面的认识与理解。

因而，这三种教学模式在体现建构主义核心观点的同时，又都有体现各自模式内涵的独特的教学环节，如表2-1所示。

表 2-1　建构主义的三种教学模式比较

教学模式	支架式教学	抛锚式教学	随机进入教学
教学环节 1	搭脚手架	创设情境	呈现基本情境
教学环节 2	进入情境	确定问题	随机进入学习
教学环节 3	独立探索	自主学习	思维发展训练
教学环节 4	协作学习	协作学习	协作学习
教学环节 5	效果评价	效果评价	效果评价

由建构主义的学习环境中四大要素所决定,这三种不同的教学模式都有三个共同的教学环节:情境创设、协作学习和效果评价(当然,不同模式中这些相同的环节也赋予了各自的个性化特点)。一个共同的目标:即由学习者自身最终完成对所学知识的意义建构。

显然,这三种模式又都有着各自的标志性特征,如支架式教学突出"按'最近发展区'的要求建立概念框架"在意义学习中的支撑作用;抛锚式教学突出"基于真实情境提出真实问题(即所谓的抛锚)"在意义学习中的统摄和关键作用;随机进入教学则突出"随意通过不同途径、不同方式进入同样教学内容的学习",对提高学习者的理解能力和他们的知识迁移能力(即灵活运用所学知识的能力)的促进作用。

建构主义理论的内容很丰富,但其核心理念可用一句话概括:以学生为中心,强调学生对知识的主动探索、主动发现和对所学知识意义的主动建构。建构主义理论观点对于教学和课程设计有重要的实践意义(Phillips,1995)。最直接的建议是使学生主动参与到学习之中,并提供能挑战他们思维的、迫使他们重组观念的经验。建构主义强调课程的融合,并注重教师使用那些能让学习者以主动参与的范式进行学习的教学材料。

为此,科学融合教学必须充分体现"学为中心"的生本思想,无论是作为科学融合教学基本学习方式的项目化学习,还是它所具有的真实性、融合性和实践性特征,乃至教学范式的构建与实施等操作性层面的策略,都汲取了建构主义理论的核心理念。

第二节　探究式教学的理论

探究式教学（Hands-on Inquiry Based Learning），又称做中学、发现法、研究法，是指学生在学习概念和原理时，教师只是给他们一些事例和问题，学生自己通过阅读、观察、实验、思考、讨论、听讲等途径去主动探究，自行发现并掌握相应的原理和结论的一种方法。

最早提出在教学中使用探究方法的是美国著名教育家杜威（Dewey）。他认为，科学教育不仅仅是要让学生学习大量的知识，更重要的是要学习科学研究的过程或方法。

从本质看，STEM 教育就是基于真实世界的复杂问题的一种特殊的探究式教学；而探究式教学是一类归纳式的教学方法。它包括许多各有侧重的教学方法，如基于问题的学习、基于项目的学习、基于设计的学习等。因此，科学和工程实践、STEM 教育及项目化学习等当代理论是科学融合教学最主要的理论基础。

一、科学与工程实践

2011 年，美国发布了《K-12 科学教育框架：实践、跨学科概念和核心概念》[①]（以下简称《框架》），指出科学教育须面向所有学生，普及科学与工程教育，并为学生未来从事 STEM 专业领域职业奠定基础。2013 年，美国又发布了《新一代科学教育标准》（*Next Generation Science Standards*，以下简称《新标准》）。[②]《新标准》沿承了《框架》的设计理念和目标要求，强调科学教育中的三个维度，即科学与工程实践（Scienceand Engineering Practices）、跨学科概念（Crosscutting Concepts）和学科核心概念（Disciplinary Core Ideas）。

---

① National Research Council. A Framework for K-12 Science Education：Practices，Crosscutting Concepts，and Core Ideas［M］. Washington DC：The National Academies Press，2012：7-15.

② DCI Arrangements of the Next Generation Science Standards［EB/OL］.（2013-04-17）［2017-06-02］. https://www. nextgenscience. org/Search-standards.

（一）科学与工程实践的内容

《新标准》中的科学与工程实践的内容包括 8 个方面：提出（科学）问题和描述（工程）问题；创设和使用模型；计划和实施研究；分析和解释数据；运用数学和计算思维；建构（科学）解释和设计（工程）解决方案；依据证据进行辩论；信息的获取、评估和交流。下面对科学与工程实践的区别进行简要的比较①，如表 2-2 所示。

表 2-2　科学与工程实践的区别

实践内容	科学实践	工程实践
1. 提出科学问题和描述工程问题	科学是先从现象提出问题，如"为什么天空是蓝色的？""是什么原因导致了癌症？"，然后探索能够解释这些问题的理论	工程始于某个问题、某种需求或者是解决某一工程难题的期望
2. 创设和使用模型	科学通常包括构建和使用各种各样的模型与仿真系统来进一步解释有关的自然现象	工程使用模型与仿真系统来预测漏洞可能存在的地方，或者测试一个新问题可能的解决方法
3. 计划和实施研究	科学家们一个最重要的实践就是设计并进行系统的研究，将观测和收集到的数据用于检验和阐释现有的理论，或用于修正并发展新的理论	工程师们通过调查研究获取用于某设计标准或参数所需要的重要数据，以及对设计进行检验
4. 分析和解释数据	科学家们需要采用一系列的方法，如制表、图示、可视化和统计分析等来找出这些数据中的显著特点及规律，以建构出解释自然现象或问题的理论	工程师们通过分析他们在设计和研究中获得的数据来比较不同的解决方案，以便工程师在现有的约束条件下明确地知道哪个设计能更好地解决问题
5. 运用数学和计算思维	在科学领域，数学与计算是描述物理变量以及它们之间相关性的基本工具	在工程领域，设计的一个基本组成部分就是用数学和计算来呈现建立的关系和原则

---

① 谭永平,刘丹.美国《新一代科学教育标准》科学与工程实践内容简介[J].湖南教育,2014(1):4-7.

续　表

实践内容	科学实践	工程实践
6. 建构(科学)解释和设计(工程)解决方案	科学的目标就是通过构建的理论来阐释世界的许多特征。科学的阐释就是将理论或者研究体系中的理论模型明确地应用到具体的情况或现象中	工程设计是在科学知识和物质世界模型的基础上解决工程问题的一个系统过程
7. 依据证据进行辩论	在科学中,要找出一连串推理的优缺点以及找到对某自然现象的最佳解释,推理和论证是必不可少的	在整个工程设计的过程中,最关键的阶段就是从相互对立的不同观点中选择出最优的解决方案,它离不开推理和论证
8. 信息的获取、评估和交流	科学的一个重要实践就是讨论交流学术观点和探究结果,并使用表格、图形和方程式记录探究的结果以接受科学界同行的评议	工程师们需要通过参与同行间的广泛讨论来口头地表达他们的观点,并用表格、图画和模型来记录这些观点

(二)三个维度的科学实践活动

《框架》提出了科学实践是基于科学探究,又高于科学探究的一系列认知的、社会的行为活动。《框架》以概念图的方式描述了三个维度上科学实践活动,其中一个维度是"操作性探究",另两个维度分别强调了"建构科学解释"和"评价",即理论性探究和社会性实践,更通俗地说,既"动脑"又"动嘴(笔)"。如图 2-1 所示。

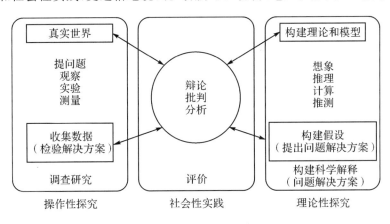

图 2-1　科学实践活动

此后,《新标准》把科学实践划分为真实世界的调查研究、认知世界中的解释和解决方案的建构以及渗透在所有探究活动中的评价行为三大板块[①],强调从单一的动手转向涵盖动脑和动嘴且更接近科学实际的探究。

（三）《新标准》中的科学与工程实践的特点

（1）"舍"原《科学教育标准》中的探究而"取"实践。主要原因：一是美国的科学教育界也注意到了以往的"探究"已在实践中异化为"动手做"和科学方法的学习，需要用一个新的词汇"实践"来纠偏，以便于教师在今后的教学中更全面地理解"探究"的本质含义，从而实现实践过程中的动手与动脑的结合。这凸显了融合社会、认知、行为三个维度的实践观。[②] 二是要突出工程实践的地位。标准制定者之一拜比（Rodger W. Bybee）说：科学探究是科学实践的形式之一。[③] "实践"不但包含原科学探究的全部内容，而且容纳了工程方面的活动内容。"实践"实际上是探究的进一步扩展[④]，是在原探究的基础上增加了工程方面的实践。

（2）从实践的类型来看，实践类型不多（8 种），但提炼自科学与工程研究的实践，着力于训练科学与工程学方面通用的实践技能。

（3）实践活动设计贯穿所有学科、所有主题，结合学科核心概念的学习安排实践活动。

（4）关注科学本质的理解。

（5）关注实践的学习进阶设计。在科学与工程实践方面，同样体现了《框架》和《新标准》的特色——以"学习进阶"方式统整科学教育课程。

二、STEM 教育的内涵、特征与方法

STEM 是科学（Science）、技术（Technology）、工程（Engineering）、数学（Mathematics）英文首字母的缩写，最早由美国国家科学基金会于 2001 年提出。STEM 教育不是简单地把四门学科进行线性叠加，而是把原本独立、分散的不同领域的学科知识和技能以问题解决为基础，以多样的学习活动形式支持学生在解决

---

① 谭永平，刘丹. 美国《新一代科学教育标准》科学与工程实践内容简介[J]. 湖南教育，2014(4)：4-7.

② 唐小为，丁邦平. "科学探究"缘何变身"科学实践"——解读美国科学教育框架理念的首位关键词之变[J]. 教育研究，2012(11)：141-145.

③ Rodger，W. B.. Scientific and Engineering Practices in K-12 Classrooms：Understanding "A Framework for K-12 Science Education". Science Teacher，2011，78(9).

④ Thomas，E. K.，Greg，P.. A Framework for K-12 Science Education：Increasing Opportunities for Student Learning. Technology and Engineering Teacher，2012(2).

问题的过程中实现不同学科知识与方法在不同情境中的整合、运用和迁移,并进一步生成新思路、新方法、新技术和新产品。

（一）STEM 教育的内涵

为了厘清 STEM 教育的本质内涵,下面从它是什么（定义）、为了什么（目的）、又怎么样（特征）三个方面加以阐述。

1. STEM 教育的定义

对 STEM 教育尚未有一个国际公认的完整定义,查阅文献发现,关于"什么是 STEM 教育",不同的专家从不同的角度提出了不同的解释,但万变不离其宗,STEM 教育的本质属性不会变。

（1）从 STEM 教育各素养整合的特点看,STEM 教育不同于传统分科知识教育,整合是 STEM 教育的最突出特征和要求,它是一种综合性的探究教育。STEM 教育的素养是由科学、技术、工程和数学学科的素养所组成的,但又不是它们的简单组合,而是把学生学习到的各学科知识与机械过程转变成一个探究世界相互联系的不同侧面的过程。[①]

那么,STEM 教育是否必须融合四个学科的素养呢? 美国学者桑德斯（Saunders）指出,STEM 中的技术、工程、科学及数学这四个知识体系一定会有一方面是突出强调的内容。因此在实施 STEM 教育时,技术和工程两方面要必选其一,然后再综合科学、数学等方面的内容,构建相关选修科目来达到 STEM 教育的目的。

（2）从 STEM 学习任务的特点看,STEM 项目学习定义为模糊的任务,这个任务被置于丰富情境下同时具有明确目标,要求学生解决若干问题,通过学生完整的作品展示来考量学生对 STEM 所涉及的各个学科概念的掌握情况[②]。

（3）从 STEM 课堂的特点看,STEM 课堂的一个特点就是在"杂乱无章"的学习情境中强调:学生的设计能力、批判性思维和问题解决能力。

（4）从 STEM 的学习方式看,STEM 教育是"基于真实世界的复杂问题解决的一种特殊的探究学习",探究性是 STEM 教学策略的核心。实践研究中有大量事实与证据支持这一论述,比如:一是 STEM 的教育哲学是"以设计和探索为目的,

---

①② 罗伯特·M.卡普拉罗,玛丽·玛格丽特·卡普拉罗,詹姆斯·R.摩根.基于项目的 STEM 学习[M].上海:上海科技教育出版社,2016.

并对技术问题解决进行科学的探索"①;二是 STEM 学习循环,如图 2-2 所示,它一般包括"探究学习循环"和"设计制作循环",探究学习循环旨在倡导像科学家一样地思考,设计制作循环旨在倡导像工程师一样去工作;三是"基于问题的学习、基于项目的学习、基于设计的学习"三种 STEM 教育的学习方法从本质上说,就是探究式的教学方法。

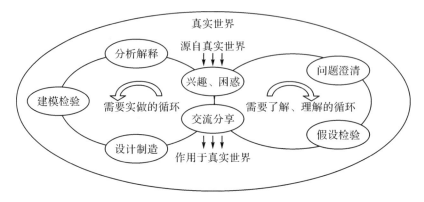

图 2-2　STEM 学习循环

总之,正如美国瓦利市州立大学(Valley City State University)的 STEM 教育中心官网在解释"什么是 STEM 教育"时所说:"STEM 超越其首字母缩写所意味的,它远不止于科学、技术、工程和数学。""STEM 教育是关于学生参与的学习,是基于项目的学习,它运用科学探究过程和工程设计工程,是跨学科的,是关于积极学习的,是关于合作与团队工作的,是关于解决实际问题的,它联结抽象知识与学生的生活,整合过程和内容……"

2.STEM 教育的目的

(1)保持和激发兴趣。"兴趣是最好的老师",然而,当下远离生活实际的填鸭式教学导致学生的学习兴趣随着年龄增长而日益减弱。STEM 教育是基于真实世界的复杂问题并尝试解决的一种特殊的探究式学习,它旨在让学生体验运用学科知识解决实际问题的乐趣,以保持和激发学生的学习兴趣。

(2)代替"纯"科学教育。在科学、技术和工程高度发达的今天,当下物理、化学、生物等分科课程的纯科学教育不利于"培养学生解决实际问题能力"的弊端已日益突出,STEM 教育作为基于真实世界的复杂问题并尝试解决的综合性教育,它

---

①　罗伯特·M.卡普拉罗,玛丽·玛格丽特·卡普拉罗,詹姆斯·R.摩根.基于项目的 STEM 学习[M].上海:上海科技教育出版社,2016.

为学生提供了一个整体认识世界的机会,有利于发展学生运用多学科知识解决实际问题的能力。

(3)加深对科学理论的理解。纯科学教育将物理、化学、生物等学科人为地割裂开来学习,学生所获得的大都是惰性知识(支离破碎的知识),而 STEM 教育要求学生融合多学科知识解决实际问题,学生所构建的是活性知识(具有良好结构的知识),能促进学生对科学概念的深度理解。

(4)促使学生合作,适应现实的复杂性。STEM 教育不强调个体之间的竞争,鼓励小组合作基础上的竞争,倡导团队协作共同应对现实问题的复杂性,以发展学生的团队精神与协作能力,进而促进学生适应现实生活复杂性的挑战。

(二)STEM 教育的八大特征[①]

STEM 教育是基于真实世界的复杂问题并尝试解决的一种特殊的探究式学习。因此,它具有跨学科性、趣味性、体验性、情境性、协作性、设计性、艺术性、实证性八大核心特征。

1.跨学科性

它是 STEM 教育最重要的核心特征。美国学者艾布特斯(Abts)使用"元学科"(meta-discipline)描述 STEM,即表示它是代表科学、技术、工程和数学等学科的统整的知识领域,它们存在于真实世界中,彼此不可或缺、互相联系。

2.趣味性

STEM 教育在实施过程中要把多学科知识融于有趣、具有挑战性、与学生生活相关的问题中,问题和活动的设计要能激发学习者内在的学习动机,问题的解决要能让学生有成就感,因此需有趣味性。

3.体验性

STEM 教育提供学生动手做的学习体验,学生运用所学的数学和科学知识应对现实世界问题,通过创造、设计、建构、发现、合作并解决问题。因此,STEM 教育具有体验性特征。

4.情境性

建构主义指出,学习环境的四大要素包括"情境""协作""会话"和"意义建构"。STEM 教育不是教授孤立、抽象的学科知识,而是强调把知识还原于丰富的生活,

---

① 余胜泉,胡翔.STEM 教育理念与跨学科整合模式[J].开放教育研究,2015(4):13-22.

结合生活中有趣、挑战的问题,通过学生的问题解决完成教学。情境是 STEM 教育重要而有意义的组成部分,只有当学习镶嵌在运用该知识的情境之中,有意义的学习才可能发生。

5.协作性

根据建构主义学习环境的四大要素,STEM 教育中的问题往往是真实的,真实任务的解决离不开其他同学、教师或专家的合作。STEM 教育的协作性就是要求学习环境的设计要包括"协作"和"会话"两要素。

6.设计性

设计性是 STEM 教育的又一核心特征。STEM 教育要求学习产出环节包含设计作品,通过设计促进知识的融合与迁移运用,通过作品外化学习的结果、外显习得的知识和能力。美国学者莫里森(Morrison)认为,设计是认知建构的过程,也是学习产生的条件。因此,设计是 STEM 教育取得成功的关键因素。

7.艺术性

STEM 教育的艺术性强调在自然科学教学中增加学习者对人文科学和社会科学的关注与重视,例如,在教学中增加科学、技术或工程等相关发展历史,从而激发学生兴趣、增加学习者对 STEM 教育与生活联系的理解以及提高学生对 STEM 教育相关决策的判断力;再如,在对学生设计作品的评价中,加入审美维度的评价,提高学生作品的艺术性和美感。

8.实证性

实证性作为科学本质(Nature of science)的基本内涵之一,是科学区别于其他学科的重要特征。STEM 教育要促进学生按照科学的原则设计作品,基于证据验证假设、发现并得出解决问题的方案;要促进学生在设计作品时,遵循科学和数学的严谨规律,而非思辨或想象,让严谨的工程设计实践帮助他们认识和理解客观的科学规律。

(三)促进 STEM 教与学的九种方法

促进 STEM 教与学方法有动态表征、协同推理、即时性与个性化反馈、科学论证、工程设计流程、计算思维、基于项目的跨学科学习、嵌入评议、基于证据的模型。

1.动态表征

数字模型、交互式仿真和虚拟环境等动态表征是科学家、数学家和工程师所采用的基本方法。

2. 协同推理

师生围绕 STEM 概念开展协作推理,平等参与,以改进认识,加深理解。

3. 即时性与个性化反馈

借助数字工具帮助学生学习 STEM 技能与概念,并提供即时、个性化的反馈。

4. 科学论证

科学论证是一个思维过程,需要批判性思维来提出和捍卫解释关于科学现象的理论的证据,这对于所有科学领域的探索都是至关重要的。

5. 工程设计流程

学生借助工程设计流程和相应的技术,修订、实施和测试问题解决方案。工程涉及设计、迭代与系统化等环节。工程设计的 7 个步骤[1]如图 2-3 所示。

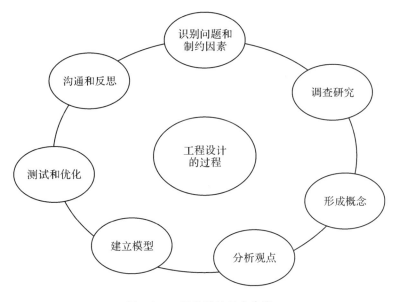

图 2-3　工程设计的 7 个步骤

6. 计算思维

计算思维主要是借助算法思维开展的抽象推理和自动化执行程序来解释与解决问题,该方法可广泛适用于科学和数学学习。

①　罗伯特·M.卡普拉罗,玛丽·玛格丽特·卡普拉罗,詹姆斯·R.摩根.基于项目的
STEM 学习[M].上海:上海科技教育出版社,2016.

7.基于项目的跨学科学习

学生借助数字技术工具开展富有挑战性的项目学习活动,这类项目整合了 STEM 多个学科。

8.嵌入评议

利用数字技术,将评议嵌入 STEM 教学中,可实时、准确反映出 STEM 学习活动的性质、质量等信息,并促使学生反思问题,提出问题解决方案。

9.基于证据的模型

开发、测试和利用基于证据的模型是科学家和工程师的常用方法,也可广泛应用于 STEM 教学。

三、STEM 教育的三种教学模式

STEM 教育强调跨学科整合,其学习方式主要有基于问题的学习、基于项目的学习和基于设计的学习三种,这些学习方式对于培养学生跨学科解决问题的能力,培养学生的 21 世纪技能,包括沟通交流能力、合作协作能力、批判性思维能力、创造创新能力等都发挥着重要作用。

(一)基于问题的学习

基于问题(Problem-Based Learning,简称 PBL)的学习是建构主义理论指导下以学生为中心的一种教学模式,是世界各国广泛采用的新型教育模式。

1.基于问题的学习的定义

基于问题的学习强调把学习设置到有意义的真实问题情境中,通过学习者的自主探究与合作来解决问题,学习隐含在问题背后的知识,有助于培养学生创造性解决问题的能力。[①]

2.基于问题的学习的特征

基于问题的学习一般具有五大特征:(1)以问题为学习的起点;(2)一般是结构不良的问题;(3)学生的一切学习内容以问题为主线所架构的;(4)偏重小组合作学习,较少采用讲述法的教学;(5)学生必须担负起学习的责任,教师是指导学生元认知学习技巧的教练。

---

① 安奈特·科莫斯,钟秉林编. 基于问题的学习:理论与实践[M]. 杜翔云等,译. 北京:高等教育出版社,2013.

3.基于问题的学习的一般教学环节

基于问题的学习过程就是学生解决问题的过程,而问题解决的过程一般包括"发现问题,分析问题,提出假设,检验假设"四个相互联系的阶段。在学科教学中,它一般包括如下五个教学环节:(1)创设情境,引入问题;(2)分析问题,收集信息;(3)寻找方法,设计方案;(4)验证假设,得出结论;(5)应用新知,产生迁移。

(二)基于项目的学习

从教育学的渊源来看,项目化学习之思想源于杜威的"做中学"的经验学习,以及其弟子克伯屈(Kilpatric)的设计教学法,那时的项目化学习主要针对过于重视读书所造成的弊端,强调通过一个个经过设计的项目学习"做事"。

1.基于项目的学习的定义

项目化学习(Project-Based Learning,也简称为 PBL,又译为基于项目的学习)作为学术概念,源于 1958 年美国医学院的一种说法,即把通过多科会诊治疗一例疑难杂症的病人当作一个项目,旨在试图解决真实情境中的非良构问题。其核心包括两大部分:一是用来组织和推进活动的真实问题;二是最终形成的问题解决方案或产品。

在学科教学中,基于项目的学习是以学科的概念和原理为中心,以制作作品并将作品推销给客户为目的,在真实世界中借助多种资源开展探究活动,并在一定时间内解决一系列相互关联着的问题的一种新型的探究性学习模式。[①] 它是一种围绕项目组织学习的模式。学生以小组为单位围绕一个真实主题,并利用各种认知工具进行调查、资料收集、分析研究,最终展示研究成果,在动手实践、思考内化和探索创新中掌握知识、培养技能并获得全面发展。[②] 项目化学习操作系统如图 2-4 所示。

---

① 夏雪梅.项目化学习设计:学习素养下的国际与本土实践[M].北京:教育科学出版社,2018.

② 杨双玲,张义兵,濮荔.基于博客的项目化学习的教学实践研究——以"小学三年级综合实践课"为例[J].中国信息技术教育,2015(8):51-52.

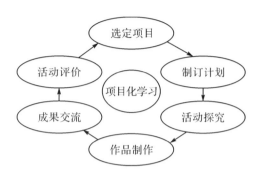

图 2-4　项目化学习的操作系统

2.基于项目的学习的特征

高质量的项目化学习,被认为是素养时代最为重要的一种学习方式,它指向学习的本质。它既是一种学习方式,又是一种课程的结构方式,指向知识观的变革与人的心智的自由迁移。一个高质量的项目化学习一般具有四大特征:(1)素养导向:即以发展学生的核心素养为目标,注重关键能力发展;(2)驱动性问题:是核心要素;(3)持续探究:即持续探究解决驱动性问题的过程;(4)全程评估:即评估贯穿教学全过程,是发展素养目标的保证。[①]

3.基于项目的学习的"黄金准则"

巴克教育研究所提出的项目化学习的八大"黄金准则":(1)重点知识的学习和成功素养的培养;(2)解决一个有挑战性的问题;(3)持续性的探究;(4)项目要有真实性;(5)学生对项目要有发言权及选择权;(6)学生和教师在项目中进行反思;(7)评论与修正;(8)项目化学习成果的公开展示。

基于问题的学习和基于项目的学习有什么异同?首先两者都是一种以问题为驱动,注重持续性的深入探究的学习方式。不同的是前者可以没有成果,后者强调有成果;前者所要解决的问题可以更加抽象,而后者更偏向于真实世界。

(三)基于设计的学习

什么是基于设计的学习?它跟基于问题的学习和基于项目的学习又有什么异同?

---

① 夏雪梅.项目化学习设计:学习素养下的国际与本土实践[M].北京:教育科学出版社,2018.

1.基于设计的学习的定义

基于设计的学习(Design Based Learning,简称 DBL)。相对于前两种探究性的学习方法,DBL 与它们有所不同,DBL 更强调"设计"对学习产生的作用。DBL 要求学生参与设计型学习挑战,在挑战活动中学生通过理解和应用相关知识设计并制作相应作品,挑战的过程也是学生深入学习的过程,DBL 比较适合发展主题知识和技术性知识。

可见,DBL 是一种高效的探究性学习方法,能够培养学生的高阶思维能力和创新能力,能够实现发展学生核心素养的目标。

2.基于设计的学习的可操作模型

最典型的 DBL 的可操作模型是由其创建者多林·尼尔森(Doreen Nelson)教授提出的逆向思维(Backward Thinking)学习的过程模型。该模型主要是针对传统教学所关注的知识的记忆及事实的理解,其具体操作步骤有六步半,如图 2-5 所示。

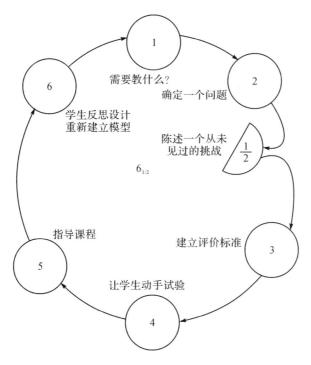

图 2-5 DBL 的可操作模型

可具体解读为:(1)首先要明确学习主题;(2)确定核心问题(即设计挑战任

务);(3)并围绕这一问题展开产品设计,之后制定详细的评价标准;(4)学生动手试验;(5)教师作为指导者在此过程中给学生相应指导;(6)学生反思设计、重新建立模型。

以上探究式教学的理论,在实践中经过我们的理解和消化,被我们应用于第三章科学融合教学的本质内涵(包括以项目化学习为基本的学习方式、求真教学观、基本特征)的构建,第四章科学融合教学的分类,尤其是被广泛应用于第六章科学融合教学范式的创设。实践证明,在这些理论指导下的科学融合教学的内涵、分类及范式具有重大的意义和价值。

第三节　促进学习的教学设计理论

课程设计和教学设计是科学融合教学实践研究的两个重要方面,它离不开教学设计理论的引领和指导。我们根据科学融合教学的实际特点,主要选择首要教学原理和通过设计促进理解模式作为科学融合教学的理论基础。

一、首要教学原理

当代美国著名教育技术理论家 M. 戴维·梅里尔(M. David Memill)教授于2002 年提出五星教学原理,如图 2-6 所示。[①]

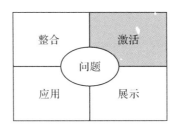

图 2-6　五星教学原理

---

①　M. 戴维·梅里尔.首要教学原理[M].盛群力,钟丽佳,等,译.福州:福建教育出版社,2016.

(一)以问题为中心

教学阶段:当学习者介入解决生活实际问题时,才能够促进学习,且包括如下三个推论:

(1)交代任务:当向学习者交代在完成某一学习活动后能够做什么或学会解决一些什么问题时,才促进学习。

(2)任务水准:当学习者介入问题或者承担任务,而不是仅仅停留在操作或活动水平时,才能促进学习。

(3)问题序列:当学习者解决了一系列经过比较、澄清的问题时,才能促进学习。

(二)激活旧知

激活阶段:当相关的旧经验被激活时,才能够促进学习。且包括如下三个推论:

(1)原有经验:当引导学习者依据相关的原有经验,回忆、联系、描述或应用知识,并将其作为新知识的基础时,才能够促进学习。

(2)提供经验:当向学习者提供作为新知识基础的相关经验时,才能够促进学习。

(3)内容结构:当引导或鼓励学习者回忆用来组织新知识的结构时,才能够促进学习。

(三)充分展示

展示阶段:当教学展示论证了要学习的东西,而不是仅仅告知相关的信息,才能够促进学习。且包括如下三个推论:

(1)匹配一致:当教学展示论证与学习目标相一致时,才能够促进学习。具体包括:提供概念的正例和反例;展示程序的递进逻辑;尽量直观形象地呈现"过程";示范行为样式。

(2)提供指导:当向学习者提供适当的学习指导时,才能够促进学习。具体包括:引导正确方向;采用多种呈现表征的手段;对不同的展示论证过程给予明确比较。

(3)善用媒体:当媒体起到一种恰当的教学角色,并且没有使学习者眼花缭乱、干扰分心时,才能够促进学习。

（四）尝试应用

应用阶段：当要求学习者运用知识或技能解决问题时，才能够促进学习。且包括如下三个推论：

（1）一致练习：当学习者应用（练习）及后测与已经陈述或隐含的目标相一致时，才能够促进学习。

（2）渐减指导：当学习者在解决问题时得到恰当的反馈和指导，包括错误核查与纠正并逐渐减少指导时，才能够促进学习。

（3）变式问题：当学习者解决一组不同的变式问题时，才能够促进学习。

（五）融会贯通

整合阶段：当学习者受到鼓励将新知识技能融会贯通（迁移）到日常生活中的时候，才能够促进学习。且包括如下三个推论：

（1）实际表现：当学习者有机会实际展示表现其知识技能时，才能够促进学习。

（2）反思完善：当学习者对学到的新知识技能进行反思，质疑和辨析时，才能够促进学习。

（3）创造革新：当学习者能够创造、发明、探索新事物和有个性特色地运用新知识技能时，才能够促进学习。

二、通过设计促进理解模式

"促进理解"模式又称为"通过设计促进理解"模式（understanding by design，简称 UbD），是美国课程改革中近年涌现出来的一种新理论、新实践。这一理论是由威金斯和麦克泰伊（Grant Wiggins & Jay Mctighe）从 1998 年开始创立的，受到美国课程与视导学会特别关注，现在已经比较有影响力，且在美国的不少学校试验推广。

该模式的关键是遵循了教学设计和学习理论研究的大量新成果，以促进学生持久深入的理解（实际上包括了知识技能的掌握和迁移）。具体来说，有以下四个重要方面的运用。

（一）运用"逆向设计"

运用"逆向设计"（backward design）进行教学设计，有助于促进教—学—评的一致性，提升课堂教学效率，而厘清"逆向设计"的含义和遵循的程序又是有效运用

"逆向设计"的基础。

1."逆向设计"的含义

美国教育评价专家泰勒(Tyler,1949)曾有过这样的表述:"教育目标应成为课程设计的标准与出发点。通过它,课程材料得以选择,课程内容得以成形,学习指导过程得以发展,评价工作得以准备……教育目标陈述的目的在于确定学生身上将要发生的变化,以此来设计各种活动并使之指向既定的目标。"为此,Grant Wiggins 和 Jay Mc Tighe(1998)在对他这一"目标导向"模式进行继承与创新的基础上,提出了一种"逆向设计"的模式[①],如图 2-7 所示。

图 2-7　Grant Wiggins 和 Jay Mc Tighe 的"逆向设计"

该模式主张在课程设计中,首先明确课程目标,然后依据学习目标(结果)进行课程设计。

这种"逆向设计"方式在逻辑上是顺向的、合理的,但是,与遵循具体活动的设计先于明确目标的设计的常规课程设计相比较,它却是逆向的;同时,这种课程设计方式也区别于另一种习惯性行为,那就是将评价看作是课程(教学)结束时最后所做的事情。与这种习惯性行为相反,"逆向设计"要求教师在开始设计课程或组织单元学习时,先期确立学习目标,紧接着考虑学习评价问题。

换言之,逆向教学模式是一种以明确的学习目标为起点、以促进学生有意义地学习为宗旨、强调评价设计先于课程设计和教学活动开展的创新型的教学设计模式。

2."逆向设计"遵循的程序

课程的"逆向设计"遵循的程序将整个设计过程分为三步。

步骤一:确定预期的目标。学生应该知道什么? 他们应该理解什么或者能够做什么? 什么内容值得去理解? 我们所追求的持久的理解是什么? 因此,在第一个步骤中,我们要对已有的课程标准、课程的目标进行充分考虑,分解课程标准、重

---

① Grant Wiggins，Jay Mc Tighe.理解力培养与课程设计[M].么加利,译.北京:中国轻工业出版社,2003.

构课程目标。

步骤二:确定如何证明学生实现了预期的目标。我们如何知道在学生身上是否已实现了预期的课程目标? 我们如何证明学生是否掌握和理解了相关内容? 根据"逆向设计"的策略,我们应当确定一系列的标准或方法,以评价每一个学习单元或课程。这些评价的目的是要确保实现预期的学习效果,以免课程设计流于形式和走过场。

步骤三:规划学习经验和教学。为了行之有效地实现预期的目标,学生需要什么样的知识(事实、概念、原理)及技能储备? 学生应该如何做才能掌握这些知识与技能? 为了实现预期的目标,教师应当如何组织教学及对学生进行有效的指导? 如何使教学更为有效? 什么样的课程内容更适合实现这些目标? 所有的设计都对应一致并有效吗? 在确定好预期的学习结果及相应的评价方式之后,教师应当提出明确的指导学习的计划,包括教学方法的选择、学习经验的选择与组织。

客观地说,其他的课程设计模式也同样强调预期的目标,只是没有像 Grant Wiggins 和 Jay Mc Tighe 那样提前强调评价问题,这正是"逆向设计"的主要特征。

(二)确定了理解的六个维度

所谓理解,是指善于明智有效地在变式的、关键的、联系实际的和新颖的情境中运用知识技能。理解的六个维度,如表 2-3 所示。[①]

表 2-3　理解的六个维度比较

维度	定　义	回答的问题
解释	是指学习者能够对某一问题进行完善、合理的论证和说明,即能够对事件、行为和观点做出有见识的、合理的说明	是什么? 为什么? 应如何?
释义	是指通过有意义的阐释、叙述来揭示事物的意义,特别强调用自己的语言来讲述、解释	内容的意义是什么? 为何重要? 它是什么? 在人类的经验中说明了什么? 与自己又有什么关系? 什么是有意义的?

---

① 何晔,盛群力.理解的六个维度观——知识理解的新视角[J].全球教育展望,2006(7):27-31.

续　表

维度	定　义	回答的问题
应用	是指一种能把所学知识有效地应用于新颖和变式的情境中的过程	我们如何运用所学的知识和技能？用在何处？我们如何调整自己的思想和行为来适应新的情境？
洞察	是指一种深刻的具有批判性的观点或见解,能够理解他人的想法,具备质疑的精神	站在谁的立场？需要明确考虑什么样的前提假设？哪些观点需要阐明？证据是否充分,是否合理？这些观点有哪些优缺点,可信程度如何,有何局限性？
移情	是指一种能深入体会他人的情感和观点的能力	你如何看待它？对我所不了解的,他们是怎么理解的？如果我要理解,我需要哪些经验？
自知	是指一种认识到自己无知的智慧,能够理智地认识到自己思维与行为模式的优势和局限性	我如何形成自己的观点？我的理解存在哪些局限性？我的不足之处在哪里？因为偏见、习惯、思维和行为方式的限制,我对什么容易产生误解？

(三)强调单元设计模式

帮助学习者对主要概念进行深入、持久的理解(deep, enduring understanding of key concepts and processes)。

教师要把自己看成教学活动的设计者,同时也是教学活动的评估者。教学关注的焦点应该放在教学设计的各个要素如何保证达到预期的学习结果上。

深入、持久的理解是对基本观念(big ideas)所做的精确概括,基于事实所做的推断,要求学生在探究中做出推断,真正开动脑筋思考。

为了帮助学生掌握学科中基本的概念、重要的概括、关键性的内容主题和各种方法,还需要提出"引导性问题"。"引导性问题"是一种开放性问题,并没有单一确凿的答案,它是一种可以展开讨论,有充分理由来论证的问题,同时也是可以随着教学的深入不断重复出现和探讨的问题。教师可以运用"引导性问题"组织教学内容和单元主题。

(四)促进理解的教学结构

Understanding by Design,简称 UbD,它采用的课堂教学结构是以单元教学为主,以英文 WHERE 代表每一个步骤的首字母,分别是明确教学目标(Where)、激发学习意愿(Hook)、逐步探究主题(Explore)、反思学习过程(Rethink)和展评学习所得(Evaluate)。

1.明确教学目标

学生在何种程度上知道他们要达到什么样的目标和为什么要学习这一单元的理由;他们已经知道了什么(原有知识)？ 他们可能在什么地方会产生误解？ 单元的要求和业绩标准是什么？

2.激发学习意愿

你将如何通过积极参与、启发引导和迎接挑战等手段来引起和维持学生兴趣？你将如何通过探究、研究、解决问题等手段来掌握基本概念、引导性问题？ 你将如何尊重学生的学习风格、兴趣和能力上的差异？

3.逐步探究主题

要让学生积累学习经验,以此来探寻更为重要的观点和本质问题,并且让他们不断研究、实践,最后发现问题的本质。对教学活动来讲,此时要考虑安排什么样的学习经验才能帮助学生探究需要深入持久理解的概念和引导性问题,为了达到最终的学业表现需要怎样的教学。

4.反思学习过程

教师将如何引导学生进行反省和重新思考,以更深入地挖掘核心观念？ 在练习中你将如何指导学生根据反馈和自我评估的信息来进行反思并做出相应的调整？

5.展评学习所得

学生将如何通过最后的学业表现和成果来展示和评价其理解程度？ 教师将如何指导学生通过自我评价明确其优势和不足,并提出今后发展的目标？

三、ARCS 动机设计模式

ARCS(attention，relevance，confidence，satifaction,即注意、针对性、自信、满意)动机设计模式,是凯勒(Keller)在 1983 年提出来的。凯勒的动机设计理论从较为广泛的理论研究中汲取营养。ARCS 动机设计模式认为,影响学生学习动机有四个要素。

(一)要激发和维持学生的注意力

动机设计模式的第一个要素是要激发和维持学生的注意力。动机理论力图唤起学生的好奇心(curiosity)和注意力,激发与维持学生的注意力有三种主要途径:

1. 唤起感知（perceptual arousal）

在教学中通过利用新异的、惊奇的、不合理的、不确定的事情来激发和维持学生的注意力。

2. 唤起探究（inquiry arousal）

通过引发或要求学生产生要解决的问题（疑难）来刺激查寻信息的行为。

3. 变化力（variability）

通过丰富多彩的教学活动来维持学生的兴趣。

（二）突出针对性

动机设计模式的第二个要素是突出针对性。一般来说，针对性比注意力更困难些，突出针对性包括以下三条途径：

1. 有熟悉感（familiarity）

运用具体通俗、明白的语言以及同学生本人的经验和价值观相联系的实例和概念。

2. 目标定向（goal orientation）

教师向学生解释和列举有关学习目标和教学的效用。

3. 动机匹配（motive matching）

运用与学生动机特征相一致的教学策略。

（三）建立自信心

动机设计模式的第三个要素是建立自信心。对成功是否抱有期待是激励学生的关键，建立自信心有三条途径：

1. 期待成功（expectancy for success）

学生明确掌握的要求和评价的标准。

2. 挑战性情境（challenge setting）

提供多样化的成就水准使学生建立个人的标准和有表现机会，保证每个人都有成功的体验。

3. 归因引导（attribution molding）

向学生提供作为成功标志的有关能力和努力方面的反馈信息。

（四）创设满意感

动机设计模式的最后一个要素是创设满意感。如果学生的努力和自身期望不

一致,如果他所体验到的不是所希望得到的东西,那么要维持一种持续的动机是很难的。创设满意感的三条途径是:

1.自然后果(natural consequences)

提供多种在真实的或模拟的情境中运用新获得的知识技能的机会。

2.积极后果(positive consequences)

提供能维持预期行为的反馈和强化。

3.公平(equity)

针对所完成的任务保持一致的标准和后果。

如何在教学过程中运用 ARCS 动机设计模式,凯勒认为主要有四个步骤:

第一步是分析学生(audience analysis)。此时要确定在某一特定活动中应特别强调哪一些动机因素。

第二步是提出动机方面的具体目标(prepare motivational objectives)。这一步应具体规定教师希望看到的与动机因素相关的学生行为。

第三步是选择策略(strategy selection)。此时要求教师选择或创编完成动机具体目标的语言和活动。动机策略的选择应考虑:(1)不必花费太多的时间;(2)不要与学习目标相背离;(3)应符合教学开发和实施阶段时间与经费上的限制要求;(4)对学生来说是可接受的;(5)与教学传递方式包括教师个人的风格相适应。

第四步是评价(evaluation)。评价不仅要看学生的成绩,即学习目标的达到程度,而且要看动机激发的效果。成绩可以不因动机水平而变化,因为除了动机之外,学习成绩还受到心理和环境等因素影响。①

上述的教学设计理论对科学融合教学的实践研究具有重要的指导意义,在第五章、第六章、第七章有着广泛的应用。如科学融合教学范式汲取了首要教学原理主张的"以问题为中心""激活原认知"等核心理念;科学融合教学的课程与教学的设计汲取了 UbD 的"评价要先于教学"、ARCS 动机设计模式中激发学习动机的"注意""针对性""自信心""满意感"等要素。

---

① 盛群力,李志强.现代教学设计论[M].杭州:浙江教育出版社,1988.

第 三 章

科学融合教学的理论构建

20世纪80年代兴起于美国的STEM教育近年来在中国开始流行,在作为综合理科的初中科学教学中融入STEM教育理念,是对浙教版《科学》"整合和探究"两大特色的迭代升级,符合国际综合课程的发展趋势。

科学融合教学理论的构建应立足实事求是、继承与发展等辩证唯物主义的哲学观,在充分汲取国际先进教育理念的同时,认真厘清科学融合教学的内涵、教学观和基本特征。否则,将难以发挥科学融合教学的独特价值,不利于发展学生的科学核心素养。

第一节　科学融合教学的本质内涵

从本质上说,准确把握科学融合教学的本质内涵是本研究有效实施的一个关键。那么,什么是科学融合教学? 科学融合教学与当下的科学教学存在怎样的区别和联系?

一、科学融合教学的概念界定

科学融合教学即指将 STEM 教育理念有机地融入初中科学教学之中(也称为"STEM 教育＋"),即以项目化学习为基本的学习方式,让学生达到深度学习的学习状态,进而实现发展学生科学核心素养的学习目标,如图 3-1 所示。

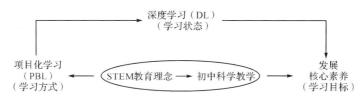

图 3-1　科学融合教学的概念图

换而言之,即指基于初中科学(以初中科学为核心学科),融合了科学、技术、工程、数学等多学科的综合教育,创生出一种初中科学教育的新生态,以变"碎片化学习"为"整体性学习",变"浅层学习"为"深度学习",变"教为中心"为"学为中心",进而提升学生的科学核心素养。

(一)学习方式:项目化学习

基于问题的学习、基于项目的学习和基于设计的学习是 STEM 教育主要的学习方式,都是探究式的教学方法。基于项目的学习也称为项目化学习,它是科学融合教学的基本学习方式。

项目化学习中的项目是复杂的任务,基于具有挑战性的问题,涉及设计、解决问题的能力,学生的决策,或调查活动;给学生相对自主的长时间的工作机会;直至现实产品或演示(Jones, Rasmussen, & Moffitt, 1997; Thomas, Mergendoller,

& Michaelson,1999)。

作为科学融合教学基本学习方式的项目化学习蕴含了哪些丰富的内涵？它至少蕴含如下三层意义：

一是它基于真实世界的复杂问题的探究，有别于基于抽象的学科问题的科学探究；

二是视整个探究为项目，突出驱动性问题或任务，突出"成果"意识，即赋予基于问题学习中的问题为挑战性或探究性的项目内涵；

三是突出科学实践和工程实践中设计思维的发展。

(二)学习状态:深度学习

"深度学习"(deep learning)就是指在真实复杂的情境中，学生运用所学的知识和技能解决实际问题，以发展学生的批判性思维、创新能力、合作精神和交往技能的认知策略。

科学融合教学是将学习置于真实世界的复杂情境之中，还原解决真实复杂问题的本来面貌，让学生最大限度地经历真实复杂问题解决的真实过程，以提升学生的科学核心素养。

可见，科学融合教学有两大关键属性：一是基于真实、复杂的情境；二是指向高阶思维。因此，科学融合教学有利于促进学生的深度学习。

艾根（K. Egan）认为，只有在充分广度（Sufficient Breadth）、充分深度（Sufficient Depth）和充分关联度（Multi-Dimensional Richness and Ties）上发生的学习，才是有"深度"的学习。[①] 深度学习是一种丰富学生精神生命的学习，是学生自觉而自为地建构有意义的学习。

有研究实践表明：深度学习的发生有学习兴趣、学习困惑和学习意义三大前提条件[②]。

1.学习兴趣是深度学习发生的前提

深度学习首先强调的是学生"乐学""愿学"，视学习为志业，以积极、投入、自觉的心理状态从事其中的活动。"兴趣"不同于"乐趣"，它是人们对事物产生持久关注，并一以贯之地付诸行动的心理状态。卢梭（J. J. Rousseau）将"兴趣"和学生的

---

① Kieran Egan. Learning in depth: A simple innovation that can transform chooling[M]. London，Ontario：The Althouse Press，2010.

② 钱旭升.论深度学习的发生机制[J].课程·教材·教法,2018(9):68-74.

成长体验紧密联系在一起,称学生从事某事是发自内在的意愿,而非习俗、纲常和强权的要求。赫尔巴特(J. F. Herbart)提出"兴趣的多方面性",既强调活动过程中的审视凝神,又提倡基于内在积极性的多样化追求。杜威(J. Dewey)所说的"兴趣"是学生成长中不可或缺的,它与明确的目标、坚定的行动紧密相关,是人的内在专注和外在毅力的有机相融。

2. 学习困惑是深度学习发生的关键

杜威认为:"学习就要学会思维,思维的缘由是遇到了某种困惑。"[①]学生将内心的"惑"予以显性化,这就是"问题"。张奠宙认为,"好"的问题应具有挑战性、可参与性、趣味性、探索性、开放性和合作性等几方面特征。[②] 这意味着学生的学习不能仅停留于识记和领会层面,满足于对已知概念和事实的储存、提取,而是应加强对理智能力和理智技能的培养,能够对知识进行创造性运用、批判性分析、系统性整合和鉴赏性评价。

3. 学习意义是深度学习发生的条件

深度学习注重学生在把握学习意义、体验成长收获中实现自我效能感的提升。学习的意义在于学生立足能够为自己理解的生活世界,从一种认知性信息加工活动转变为实践性文化建构活动。这是问题驱动的文化实践活动,而非机械的重复性演绎。学生在生活中发现问题,揭示规律,完善认知结构。学生学会把握从"是什么"的问题认知到"为什么"的逻辑推演,进而上升到"怎样使生活变得更美好"的理性运用。

(三)学习目标:科学核心素养

《课程标准》明确指出,科学课程要培养学生核心素养,主要是指导学生在学习科学课程的过程中,逐步形成的适应个人终身发展和社会发展所需要的正确价值观、必备品格和关键能力,是科学课程育人价值的集中体现,包括科学观念、科学思维、探究实践、态度责任等方面。[③]

1. 科学观念

科学观念是在理解科学概念、规律、原理的基础上形成的对客观事物的总体认

---

① 约翰·杜威.我们怎样思维.经验与教育[M].姜文闵,译.北京:人民教育出版社,1991.

② 张奠宙.数学教育研究导引[M].南京:江苏教育出版社,1998.

③ 中华人民共和国教育部.义务教育科学课程标准(2022年版)[M].北京:北京师范大学出版社,2022.

识。科学观念既包括科学、技术与工程领域的一些具体观念,如对物质、能量、结构、功能、变化的认识;也包括对科学本质的认识,如对科学知识的可验证性、相对性、暂时性的认识,对人与自然关系的认识,以及对科学、技术、社会、环境之间关系的认识;还包括科学观念在解释自然现象、解决实际问题中的应用。

2. 科学思维

科学思维是从科学的视角对客观事物的本质属性、内在规律及相互关系的认识方式,主要包括模型建构、推理论证、创新思维等。模型建构体现在:以经验事实为基础,对客观事物进行抽象和概括,进而建构模型;运用模型分析、解释现象和数据,描述系统的结构、关系及变化过程。推理论证体现在:基于证据与逻辑,运用分析与综合、比较与分类、归纳与演绎等思维方法,建立证据与解释之间的关系并提出合理见解。创新思维体现在:从不同角度分析、思考问题,提出新颖而有价值的观点和解决问题的方法。

3. 探究实践

探究实践主要指在了解和探索自然、获得科学知识、解决科学问题,以及技术与工程实践过程中,形成的科学探究能力、技术与工程实践能力和自主学习能力。科学探究能力体现在:理解科学探究的一般过程和方法;提出科学问题,并针对科学问题进行合理猜想与假设;制订计划并收集证据,分析证据并得出结论;对结果进行解释与评估;准确表达观点,反思探究过程与结果。技术与工程实践能力体现在:了解技术与工程实践的一般过程和方法,针对实际需要明确问题,提出有创意的方案,并根据科学原理或限制条件进行筛选;实施计划,利用工具和材料进行加工制作;根据实际效果进行修改迭代;用自制的简单装置及实物模型验证或展示某些原理、现象和设想。自主学习能力体现在:自主确定学习目标,选择学习策略,监控学习过程,反思学习过程与结果。

4. 态度责任

态度责任是在认识科学本质及规律,理解科学、技术、社会、环境之间关系的基础上,逐渐形成的科学态度与社会责任。科学态度体现在:保持好奇心和探究热情,乐于探究和实践;有基于证据和逻辑发表自己见解的意识,严谨求实;不迷信权威,敢于大胆质疑,追求创新;尊重他人的情感和态度,善于合作,乐于分享。社会责任体现在:珍爱生命,践行科学、健康的生活方式;热爱自然,具有节约资源、保护环境、推动生态文明建设和可持续发展的责任感;对与科学技术相关的社会热点问题做出正确的价值判断,遵守科学技术应用中的公共规范、法律法规和伦理道德,维护自身和他人的合法权益,捍卫国家利益。

在科学学科核心素养的四个要素中,探究实践是一个过程,是一种学习方式和科学研究方式,是一种学习科学观念、发展科学思维、形成科学态度和责任的手段和途径,同时也是一种综合的能力。科学观念、科学思维、科学态度与责任是通过探究实践学习而形成的核心素养。

科学融合教学将STEM教育理念融入初中科学教学之中,那么,融入初中科学教学的STEM教育理念的内涵是什么? 不妨从三个维度理解:从学习内容的维度看,其注重跨学科融合;从学习方式的维度看,其注重项目化学习;从学习目标的维度看,其注重发展科学核心素养。可以说,发展科学核心素养是科学融合教学的终极目标,深度学习是实现这一目标的标志性成果(学习状态)。换一句话说,深度学习发生了,核心素养就得到了发展;核心素养目标达成了,深度学习也就真实发生了。

二、3.0版的整合与探究教学

学科项目化学习不是学科活动化,而是学科核心知识在情境中的再构建与创造;跨学科项目化学习不是学科的杂糅与拼盘,而是运用两个或两个以上学科知识综合解决问题,实现学习者心智转换,创造出新成果。[1] 相对于以主题式学习为主的整合教学和基于学科化问题的探究教学,科学融合教学以项目化学习为基本的学习方式,实现了这两方面的转型升级。

(一)整合教学向融合教学转型升级

需要强调说明的是:"融合"不同于"整合","融合"是构成两个事物的要素从"基因"层次上相互作用、相互影响,创生出新的生态元素、新的生命结构。

毋庸置疑,当下的初中科学教学依然是以主题式学习的整合为主,它是对具体主题的内容汇聚,各个学科围绕主题整合在一起,犹如水果沙拉,其内容还是相对独立的;而项目化学习则通过对真实世界的复杂问题解决将相关学科有机融合在一起,各学科的学习内容犹如混合的果汁,成为不可分割的有机组成部分,有利于学生整体性地认识世界,变碎片化学习为整体性学习。

(二)科学探究向科学和工程实践转型升级

国际科学教育改革随着对科学本质观的演进而不断深化,科学本质观经历了

---

① 夏雪梅.项目化学习设计:学习素养下的国际与本土实践[M].北京:教育科学出版社,2018.

"科学作为知识"到"科学作为探究",再到"科学作为实践"的过程。① 为什么"舍"原《科学教育标准》中的探究而"取"实践,本书第二章第二节中已有专题阐述。我国学者据此提出了由"探究"向"实践"转型的教学模式,它包括"基于社会性科学议题"的论证教学和"基于社会需求"的科学研究案例教学,以发展学生对实践取向的科学本质理解。②

张华认为,知识的本质是观念,观念的本质是实践,学科实践是理解学科核心观念的内在要求,一切学科知识或观念都是学科实践要验证的假设或指导学科实践的手段。③

科学融合教学根据学习成果是否是产品模型或原型,分为工程实践类和科学实践类。可见,科学融合教学从科学探究向科学和工程实践转变,有利于科学核心素养的发展。

第二节　科学融合教学的求真教学观

科学融合教学如何有效实施,形成本土化的科学融合教学的指导纲要,或者说形成本土化的科学融合教学课程观和教学观至关重要。

一、求真教学观中的唯物主义哲学

科学融合教学的理论基础在本书的第二章已进行了专题阐述,本节主要讨论STEM教育理念在中国落地生根的理论基础。

"实事求是"是中华传统文化的重要内容,更成为实现民族复兴中国梦的思想基础之一。追溯"实事求是"的历史源头与发展脉络,"实事求是"一词最早出自班

---

① 林静. 教学作为实践的科学——美国科学教育实践转向的内涵、依据及启示[J]. 教育科学, 2014(1):79-83.

② 万东升, 魏冰. 以当代科学实践为情境的科学教学模式初探[J]. 课程·教材·教法, 2016, 36(12):85-90.

③ 张华. 论学科核心素养——兼论信息时代的学科教育[J]. 教育文化论坛, 2019(2):130.

固的《汉书》，其中提到献王刘德"修学好古，实事求是"。班固所说的"实事求是"，通俗地说，一件事物的是与非，不能凭个人喜恶，而应当事实是什么就说什么，以实证来求索真相。对于"实事求是"，班固的视角虽然与当今有别，但在本质上是一致的。自汉代以来，历代学者对"实事求是"的推崇不是偶然的，它扎根于传统文化的血脉，感染并激励了无数仁人志士穷经皓首、以知促行，探寻民富国强的道路。[①]

格物致知是中国古代儒家思想中的一个重要概念，乃儒家专门研究事物道理的一个理论。格物致知源自"四书"中的《大学》一书："致知在格物，物格而后知至。""所谓致知在格物者，言欲致吾之知，在即物而穷其理也。"东汉郑玄最早为"格物致知"做出注解，而自从宋儒将《大学》由《礼记》独立出来成为"四书"的一部后，"格物致知"的意义也就逐渐成为后世儒者争论不休的热点议题，以至于今。社会上关于"格物致知"的流行诠释是根据南宋朱熹学说的部分观点，认为"格物致知"就是研究事物而获得知识、道理[②]。

世界著名物理学家、诺贝尔物理学奖获得者丁肇中认为，在环境激变的今天，我们应该重新体会到几千年前经书里说的格物致知真正的意义。真正的格物致知的精神，不仅是在学术研究中不可缺少，在应付今天的世界环境也是必不可少的。而今天我们的教育，则愈加需要培养实验的精神。就是说，不管研究科学，研究人文学，或者在个人行动上，我们不能盲目地接受过去认为的真理，也不能等待"学术权威"的指示。我们都要保留一个怀疑求真的态度，要靠实践来发现事物的真相。[③]

比较"实事求是"和"格物致知"两个传统观点，"格物致知"包含"实事求是"精神，其共同的一个特点就是"求真"。

1941 年延安整风，毛泽东同志做"改造我们的学习"报告，提到"实事求是"的治学态度，并指出："实事"就是客观存在着的一切事物，"是"就是客观事物的内部联系，即规律性，"求"就是我们去研究，"是"就是事物的规律，"求是"就是认真追求、研究事物的发展规律，找出周围事物的内部联系，作为我们工作的向导。其哲学内涵为：一切从实际出发，理论联系实际，坚持在实践中检验真理和发展真理。

时至今日，"实事求是"已是马克思主义最根本的世界观和方法论，是我党的思想路线，是中国特色社会主义理论的哲学基础，也是我们做人、做事、做学问的根本原则和方法。

我国著名的教育家陶行知先生曾经说，"千教万教教人求真，千学万学学做真

---

① 班固.汉书[M].北京:中华书局,2000.

②③ 曾子.大学全解[M].北京:中国华侨出版社,2016.

人",他告诉我们:"真"比一切都重要。一个"真"字廓清了几千年来中国封建教育中存在的虚假伪善的尘垢,指明了现代教育最重要最本质的属性。教师作为现代进步教育思想的实践者,应牢记陶行知先生的话,教学生求真知,学真本领,养真道德,说真话,识真才,办真事,求真理,做真人。以"真"字作为自己的立教之本,教好书育好人。[①]

二、科学融合教学的求真课程观

从古至今,"求是"或"求真"是我们中国教育中教给学生做人、做事、做学问的一个基本原则和方法。

"实事求是"是辩证唯物主义和历史唯物主义的世界观和方法论,"求真课程观"是这个世界观和方法论在教育中的生动实践,是 STEM 教育本土化的红色基因,体现了科学教学的大德育观。求真课程观的框架图,如图 3-2 所示。

图 3-2　求真课程观的框架图

求真课程观以发展学生科学核心素养为宗旨,以促进学生"真实践"为主要的价值追求,倡导学生"求真学""求真知"以及"求真人"的教育理念,并要求通过"求真学"(真问题、真设计、真建模、真反思和真优化),促进"求真知"(发展关键能力)和"求真人"(发展必备品格),以促进深度学习的发生,进而发展学生的科学核心素养。

下面就"求真学""求真知"和"求真人"做简要诠释。

(1)"求真学"——追求学生"真实的学习",即让学生学习真实地发生,深度地

① 毛泽东.毛泽东选集:第 1 卷[M].北京:人民出版社,1991.

发生。

（2）"求真知"——探究"真知"。所谓"真知"即是"真才实干"，是"活性知识"，是能增值的知识，是能转化为素养的知识。其指向大概念和关键能力的发展。

（3）"求真人"——追求"真正意义"的人，既能适应当下现实的挑战性，又能适应未来世界的复杂性，即具有"核心素养"的人。其指向学生必备品格的形成。

三、求真课程观下的求真教学观

"求真"也正是科学融合教学课程观，在这样的课程观下又衍生出科学融合教学的"实践观""整体观""发展观""创新观"。实践观、整体观、发展观、创新观是"求真课程观"下的四个具体表现。

（一）科学融合教学的实践观

马克思主义实践观认为，实践是认识的来源，是认识发展的根本动力，是检验认识正确与否的唯一标准。实践与认识是辩证统一的关系，实践决定认识，认识对实践有巨大的指导作用。

马克思主义实践观要求我们，我们想问题办事情，一定要坚持实践第一的原则，坚持在实践中深化认识，提升认识，发展认识。要坚持从实践中来与到实践中去，深入了解群众，一切要从我国的社会经济发展的实践出发，正确处理社会主义建设和解决各种社会矛盾。科学融合教学的实践观主要表现在：

1. 为学生提供探索世界的机会

马克思主义实践观认为：实践是认识的来源，科学融合教学主张"实践出真知"，强调"做中学""学中做"，即强调在体验中学习，让学生拥有更多的探索世界的机会。

2. 为学生提供科学论证的机会

"实践是检验真理的唯一标准"，实证思维是科学融合教学的一个重要思想方法。在科学实践中，科学家为维护自己的解释方案，必须以坚实的数据为基础提供证据，并基于证据进行科学的论证，以检测方案的合理性；在工程实践中，同样，论证对于找出最可行的问题解决方案也是必不可少的。在科学融合教学中，当进行"设计制作（或假设设计）""测试评价（或检验评价）"两个环节的教学时，评价方案与作品的优劣，"空口无凭"，只有依靠"事实证据"，即只有根据测试中形成的数据等证据链，才能挑选出最优的设计方案，客观、合理地评估学生的学习作品。

3.为学生提供改造世界的机会

马克思主义实践观告诉我们,要坚持"从实践中来与到实践中去"。科学融合教学强调:以"解决真实世界的复杂问题"为出发点。其有两层含义:一是科学融合教学应基于真实世界的问题解决以意义建构知识;二是科学融合教学应将实践中获取的知识用以迁移解决其他新的真实问题。

科学融合教学是基于真实复杂问题解决的一种新型的、特殊的探究学习,即它是以真实世界复杂的问题为驱动性问题,驱动学生的学习,以激发学生的学习动机,培养学生解决真实世界问题、批判性思维、创造和创新等能力。

(二)科学融合教学的整体观

马克思主义整体观是实践的整体观。无论是空间维度内以"矛盾群"和"矛盾体系"存在的"整体",还是时间维度内以"过程集合体"存在的"整体",都是客观存在的"自在整体"。这种"自在整体"如果不被实践主体所理解和把握,它就是一种与主体相对立的"僵死的事实的汇集"。要解决主体与客体这种"僵死的对立",马克思认为"只有通过实践方式,只有借助于人的实践力量,才是可能的"。在实践中,"自在整体"被人所理解和把握,进而上升为现实的为我的整体,即"自为整体";与此同时,主体通过对象性活动使理想和目标渗透到对象中,将自己的本质力量转化为对象物,从而真正实现整体的"复活"。这种由客体主体化和主体客体化相互交融形成的"整体实践",是马克思主义整体观的出发点和归宿。

科学融合教学的整体观倡导:

1.为学生提供整体认识世界的机会

基于当前以割裂的知识去认识世界的现状,提倡学生用融合知识整体认识世界。有研究表明,如果把学习割裂开来,学生就经常不能理解各个学科领域是如何相联系的。虽然具体学科的学习很重要,尤其是对学科领域内容的基本理解,但是跨学科学习可以帮助学生建立高阶思维技能(higher order thinkingskills),也可以帮助学生在不同学科领域之间形成有意义的联系(Ivanitskaya, Clark, Montgomery,& Primeau,2002)[①],以促进学生解决问题的能力。

2.为学生提供全面发展的机会

从整体观看,学生是一个具有鲜活生命的完整的人。为培养学生具有健全人格的

---

① 罗伯特·M.卡普拉罗,玛丽·玛格丽特·卡普拉罗,詹姆斯·R.摩根.基于项目的STEM学习[M].上海:上海科技教育出版社,2016.

现代公民。因此,科学融合教学的宗旨是面向未来,聚焦学生科学核心素养的发展。

(三)科学融合教学的发展观

发展观是唯物辩证法的一个总特征。唯物辩证法认为,无论是自然界、人类社会还是人的思维都是在不断地运动、变化和发展的,事物的发展具有普遍性和客观性。发展的实质就是事物的前进、上升,是新事物代替旧事物。因此,我们必须坚持发展的观点看问题,即发展观。唯物主义发展观有如下的五大观点:

观点1:事物是变化发展的,要用发展的观点看问题,不能用一成不变的眼光看问题。

观点2:发展的实质是前进的、上升的,是新事物的产生和旧事物的灭亡。新事物符合事物发展的客观规律和人类的根本利益,具有强大的生命力和远大的发展前途,要有创新精神,促进新事物的成长。

观点3:事物发展是前进性与曲折性的统一。新事物是不可战胜的,事物发展的总趋势是前进的;但事物发展的道路是曲折的,要经历一个从小到大、从弱到强、从不完善到完善的过程,要做好克服前进道路上的困难和挫折的准备。

观点4:量变是质变的前提和必要准备,质变是量变的必然结果,要重视量的积累,推动质的飞跃。

观点5:矛盾是事物发展的源泉和动力。矛盾双方的对立统一推动着事物的运动、变化和发展。

基于发展观的这些观点,科学融合教学倡导如下教学理念:

(1)给学生提供在挫折中学习的机会

在科学融合教学中,树立发展观理念,遵循事物发展的内在规律,让学生在真实世界的复杂情境中遭遇挫折,在经历挫折中建构科学概念和原理,促进深度学习的真实发生。

(2)给学生提供成长性思维发展的机会

在科学融合教学中,要用发展眼光指导学生的学习,要学会放手、善于等待,要静待花开;要用发展的眼光评价学生的学习,既要重视过程性评价,又要重视结果性评价。

(四)科学融合教学的创新观

辩证否定观原理及方法论认为,辩证的否定是事物自身的否定自己,自己发展自己,辩证的否定既是联系的环节,又是发展的环节,辩证的否定既不是简单地肯定一切,也不是简单地否定一切,而是既肯定又否定,既克服又保留,克服的是旧事物中过时的消极的内容,保留的是旧事物中积极合理的因素,辩证否定的实质就是扬弃。

辩证的否定要求我们必须树立创新意识,做到不唯上,不唯书,只唯实,因此我们不仅要尊重书本知识、尊重权威,还要立足于实践,解放思想,实事求是,与时俱进,不断实现理论和实践创新与发展,在认识世界和改造世界的活动中取得成功。

创新观引领下的科学融合教学应注重:

(1)给学生提供批判质疑的机会

在科学融合教学中,提倡给学生创造基于事实证据的反思、评价的机会,这样的批判质疑不是怀疑一切,而是理性、客观地提出不同的意见和观点,在优化科学模型或工程模型的过程中,促进学生批判性思维的发展。

(2)给学生提供创造和创新的机会

在科学融合教学中,提倡给学生改进与完善科学模型或工程模型的机会,让学生在优化模型的过程中,促进学生对科学概念的"融会贯通",促进学生创造和创新能力的发展。

第三节 科学融合教学的基本特征

科学融合教学即指将学习置于真实世界复杂情境之中,基于真实的复杂的问题解决的一种特殊的探究学习,它具有真实性、融合性、实践性三大基本特征。

一、真实性

真实性是科学融合教学最核心的基本特征,它贯穿于教学始终,体现在教学全过程。科学融合教学倡导真问题、真设计、真建模、真评价和真优化。

(一)真问题

真问题即指基于真实的生活情境提出真实的复杂问题。因而,它至少包含情境的真实性和问题的真实性两个方面的内涵。下面列举三个项目的不同情境与问题加以说明,如表 3-1 所示。

表 3-1　不同项目的情境和问题

序号	项目名称	情境	问题
①	设计一个家庭电路的安全保护装置	虚拟情境:假如你是工程设计师……	虚拟问题:你能为家庭电路设计一个安全保护装置吗
②	自来水漏水检测仪设计	真实情境:我校(老校址)2021年发生了自来水管漏水的情况	真实问题:你能运用所学知识,设计一个检测水管漏水的方案(或简易仪器),来查找水管漏水部位吗
③	人体的体温为什么会相对稳定	真实情境:测定家庭成员一天的体温	真实问题:为什么人体的体温总能保持相对稳定

1. 情境的真实性

建构主义认为,学习总是与一定的社会文化背景即"情境"相联系的,学习者要想完成对所学知识的意义建构,即达到对该知识所反映事物的性质、规律以及该事物与其他事物之间联系的深刻理解,最好的办法就是让学习者到现实世界的真实环境中去感受,去体验(即通过获取直接经验来学习),而不是仅仅聆听别人(例如教师)关于这种经验的介绍和讲解。已有研究表明,在真实的问题情境中,学习者更有动力去获取知识,所学的信息也更容易提取,这些信息也容易在后续课程中加以应用(R. E. Mayer,1998)。

情境的真实性并不是说情境必须是生活中现实发生的,但学生在该情境中的学习所运用的思维方式、所学的知识和能力在人类真实世界中必须是可以真实使用、可以迁移的。至于它是虚构的,还是真实事件的再现,是历史的还是未来的,都是可以的。[①] 因此,科学融合教学所创设的情境根据真实程度的不同可分为虚拟情境和真实情境两种类型。

(1)虚拟情境。这种情境虽然是虚拟的,但是赋予学生真实生活的角色,并要求学生在真实的或虚构的场景中履行这些角色。如项目①的虚拟情境能让学生产生真实的身份代入感,有利于激发学生持续探究的学习动机。

(2)真实情境。这种情境是现实生活实际发生的,学生具有最直接的体验。如项目②和项目③中的真实情境旨在激发学生持续探究的学习动机,发展学生解决

---

① 夏雪梅.项目化学习设计:学习素养下的国际与本土实践[M].北京:教育科学出版社,2018.

实际问题的关键能力。

2.问题的真实性

指科学融合教学的驱动性问题是真实世界的复杂问题,具有真实性之特征。乔纳森(Jonassen,1997)根据问题在结构性上的不同,将问题分为结构良好问题(well-structured problem)和结构不良问题(ill-structured problem)。根据乔纳森的问题分类,驱动性问题也是结构不良问题。在实践中,我们根据问题是否真实发生,将这类问题分成虚拟问题和真实问题。

(1)虚拟问题:指现实生活中曾经发生或可能发生的问题,学生虽然没有亲身体验或遭遇到,但学生解决问题的思维是真实的、可迁移的。教学中,通常采用角色互换的方法,创设"假如你是……"的虚拟情境,以给学生营造身临其境的"代入感",有利于激发学生的探究欲望。如项目①的问题。

(2)真实问题:指真实世界现实发生的问题,且是学生亲身体验、遭遇到的现实问题,对于学生而言有身临其境的"代入感",能激发学生强烈的探究欲望。如项目②和项目③中的问题。显然,项目③中的问题的真实性弱于项目②。因此,在项目③教学时,教师务必让学生自己发现问题,自己提出问题,最大限度地让驱动性问题成为学生自己有切身体验、有强烈探索欲望的问题,这样才能最大限度地激发学生的学习动机。

(二)真设计

真设计指对驱动性问题的解决方案展开真实设计的过程,其设计过程和设计思维是真实的,它主要包含如下的三层含义:

(1)方案设计尽可能地还原学生解决真实世界的复杂问题的原来面貌。即在学生设计方案时,不随意简化实际问题,应给予学生充足的思考时间与空间,让学生自主地进行方案设计的探究。

(2)任务的设计应符合学生认知水平。在科学融合教学中,教师要设计学习支架,支持学生与问题、知识的互动,使他们能够在真实实践中自主解决问题和建构知识,促进真实学习的发生。

(3)方案设计离不开同伴间的相互合作。在开展科学融合教学中,学生一个人是很难解决真实世界的复杂问题的,往往需要通过发挥团队协作的精神和集体的智慧。

(三)真建模

真建模即基于真实的设计进行既动手又动脑的真实的创设模型过程,强调的是"真做",倡导"实践出真知"。它主要包含三层含义：

（1）模型的创设应基于学生自己参与设计、认同的优化方案，而不是教师强加硬塞的所谓合理的方案。

（2）模型的创设过程倡导学生既动手又动脑。即在学生动手制作等建模过程中，以动促思，以思导学，不仅让学生知其然，更要让学生知其所以然。

（3）模型的创设过程倡导人人有事做，事事有人做。即在学生动手制作等建模过程中，要做好团队建设、小组分工等工作，应让每一个学生都有事可做，成为活动不可或缺的参与者，切不可让活动成为极少数学生的独角戏，而让大部分学生成为路边鼓掌的人。

（四）真评价

真评价即指基于实证对学习成果进行真实性评估。有效的真实性评估至少包含如下评估策略，这些评估策略能激发学生的学习动力，从而促进学生对核心知识的深度理解。[①]

（1）提供真实的和能够反映知识应用的情境。

（2）使学生能够有优异表现或设计精美产品的机会。

（3）评估与完成真实学习任务的过程无缝整合。

（4）多项指标对学习结果进行评估。

（5）针对不同的学习结果设立具有合适性效度的评价标准以保证评估的合理性等。

如科学融合教学有效的真实性评估具体表现在：一是全程评估，即从教学范式看，科学融合教学的评价贯穿教学的全过程，体现了上述（1）、（2）、（3）的评估策略；二是全方位评估，即指科学融合教学的评价，既有过程性评估，又有结果性评估，同时还采用了 SOLO 分类评价等方法，充分体现了上述（4）和（5）的评估策略。总之，有效的真实性评估是理性的，是重事实证据的，是学生思想的真实表达，也即指在评估中应提倡学生尊重事实证据，如实地展示学习成果，理性、客观、真实地表达观点。

（五）真优化

真优化即指基于真实性的评估，对产品模型或原型进行真实的改进与完善。

---

①　刘晓琳，黄龙怀.从知识走向智慧：真实学习视域中的智慧教育[J].中国电化教育,2016(3):14-20.

也即提倡学生做一个言行一致、脚踏实地,具有开拓精神、创新意识,能适应未来复杂世界挑战的合格公民。它主要包含两层含义:(1)优化应符合客观实际,与评估相一致;(2)优化应是迭代的,满足受众者的真实需求。

二、融合性

科学融合教学内容强调学科内融合与跨学科融合,倡导给学生整体认识世界的机会,以变碎片化学习为整体性学习。

(一)学科内融合

就综合性的浙教版《科学》而言,通过微项目化学习或学科内项目化学习,融合科学、技术和数学等学科的教学(但不融合工程学科素养),我们称为学科内融合(因为浙教版《科学》本身就具有这种学科的融合,只是还有待于强化而已)。这类科学融合教学主要以科学学科,包括物理、化学、生物等学科的关键概念和能力为载体,指向科学的本质,可能在此过程中会涉及数学或技术等学科,也会运用数学或技术等学科的知识作为支撑。但是,从核心知识的提出,到挑战问题的解决,以及最后成果和评价都指向科学学科的关键问题,体现了对科学本质的理解。如科学实践类的科学融合教学就体现了这种学科内融合的特点。

(二)跨学科融合

就综合性的浙教版《科学》而言,通过跨学科项目化学习,融合科学、技术、数学和工程等学科的教学,我们将其界定为跨学科融合。这类科学融合教学主要是以科学和工程学科的关键概念或能力为载体,指向真实世界中的问题解决,它通常需要整合这些不同学科的知识和能力,共同指向真实情境中的问题探索与解决,体现对不同学科领域的知识的整体理解。如工程实践类的科学融合教学就体现了这种跨学科融合的特点。

三、实践性

"实践"强调的是"做"和"学"的不可分割性,这意味着科学融合教学不仅仅包含"做",不仅仅包含技能的获得,同时也包含着"学",包含着对知识的深度理解。"实践"意味着学生要像真正的科学家、工程师、作家、数学家、新闻工作者那样,遇到真实问题并在多种问题情境中经历持续的实践(Boss et al.,2010)。因此,科学融合教学具有实践性之特征,主要体现在科学实践和工程实践两大方面。

（一）科学实践

《框架》提出了科学实践是基于科学探究，又高于科学探究的一系列认知的、社会的行为活动。《新标准》把科学实践划分为真实世界的调查研究、认知世界中的解释和解决方案的建构以及渗透在所有探究活动中的评价行为三大板块，强调从单一的动手转向涵盖动脑和动嘴的、更全面更接近科学实际的探究。

（二）工程实践

工程实践是指为了实现某种实际需求或解决某种实际问题，应用有关的科学知识和技术手段，制造出某个产品的行为。可以说，工程实践本身就是一个探索性的实验过程，工程实践中常常伴随着科学实践的活动。在基础教育阶段的科学课程中整合工程教育，为学生提供工程实践的机会，是基础科学教育改革的必然趋势。

科学融合教学除了上述的三大基本特征，还具有哪些其他特征呢？由于真实的复杂问题是基于真实世界的复杂情境，因而它具有情境性和趣味性；而解决真实的复杂问题，离不开学生的自主设计和自主探索，因而它具有设计性和探究性；同时，解决真实的复杂问题，不是依靠一个学生单打独斗，也不是仅仅运用单一的学科知识所能解决的，而是需要依靠一个团队的协作，且综合运用多学科知识才能解决的，因而它具有协作性和跨学科性；而设计、构建出来的科学或工程模型是否合理和科学，是以事实证据为依据，不以人们的意志为转移，因而它具有实证性；而作为产品原型或模型的建构又离不开其背后所蕴含的人文和艺术的影响，因而它具有艺术性。

可见，科学融合教学的三大基本特征又决定了科学融合教学同时还具有情境性、趣味性、设计性、协作性、艺术性、实证性等特征，这与 STEM 教育的八大特征高度契合。

第 四 章

科学融合教学的分类体系

　　根据融入 STEM 教育理念的实践类型、区域和时段不同,科学融合教学依次可分为科学实践类和工程实践类,小融合、中融合和大融合,新课教学类和复习拓展类。

　　上述三种不同分类进而可组合成 12 种科学融合教学的分类体系。本章就前两大类及其分类特点进行重点阐述。

第一节　科学实践类和工程实践类

依据融入 STEM 教育理念的实践类型不同,科学融合教学可分为科学实践类和工程实践类。

若融入的实践类型是科学实践,则为科学实践类科学融合教学,其学习成果是科学模型,而非产品模型或原型;若融入的实践类型主要是工程实践,则为工程实践类科学融合教学,其学习成果是产品模型(工程模型)或原型。

一、科学实践类

(一)概念界定

科学实践类的科学融合教学是基于真实世界的复杂问题的解决的科学实践,是一种特殊的科学探究学习,它的学习成果是一种科学模型,而不是产品模型或原型。

科学实践类的科学融合教学不同于日常教学中的科学探究,它是一种特殊的科学探究学习,其特殊性表现在:一是基于真实世界复杂问题的探究;二是视该探究为项目化学习,强调"可见的公开成果",引导所有参与者和公众对成果进行评论和分析,成果的修订、完善、公开报告的过程均被看作学习的重要组成部分。

(二)主要特点

(1)成果形态:科学实践类的科学融合教学的学习成果大多是科学模型,而非产品模型或原型。

(2)实践形式:科学实践类的科学融合教学属于科学实践,注重科学探究方案的设计,注重学生设计思维的发展。

(3)学科融合:科学实践类的科学融合教学没有融入工程素养,即它一般融合了科学、技术等学科的学习。

（三）实践应用

科学实践类的科学融合教学的案例众多，一些典型项目，如表 4-1 所示。

表 4-1　科学实践类的科学融合教学的典型项目

序号	项目名称	序号	项目名称
①	纸币为什么会老抓不住	⑤	探秘海市蜃楼
②	竹子为什么"流泪"	⑥	人体的体温为什么会相对稳定
③	烧蔬菜时应先放盐，还是后放盐？为什么	⑦	空气中氧气和二氧化碳含量为什么会保持相对稳定
④	碳酸饮料为什么能灭火	⑧	粗略测量太阳与地球的距离

科学实践类的科学融合教学，参考《框架》中的观点，将其分为理论性探究类和操作性探究类。

1. 理论性探究类

它是指通过想象、推理、计算、推测的方法来构建对自然现象的科学解释。其学习成果是构建科学的解释，即构建理论和模型，如表 4-1 中的项目①②③④⑤⑥⑦。

【案例】竹子为什么"流泪"

该项目是浙教版《科学》八年级下册第 4 章第 5 节"植物的叶与蒸腾作用"（第 1 课时）的一节新课教学。教学时，首先创设"为什么无风的夜晚，在竹子的竹壁上钻孔有水流出，而晴朗的白天在竹壁上钻孔却没有水流出？"的驱动性问题，以驱动学生自主学习该节的内容，并构建对驱动性问题的科学解释。学生构建的科学解释表现出不同的思维层次，教师可利用如表 4-2 所示的 SOLO 分类评价表进行评价，既促进了学生对科学概念的深度理解，又促进了学生分析、评价和创造等高阶思维的发展。

表 4-2　SOLO 分类评价表

评分等级	学生答题表现	答题水平
0	空白或 5 点都没涉及	前结构
1	答出 1 要点 示例：晴朗的白天蒸腾作用强，无风的夜晚蒸腾作用弱	单点结构

评分等级	学生答题表现	答题水平
2	答出 2 要点 示例:竹子在晴朗的白天蒸腾作用强,水分散失快,在无风的夜晚蒸腾作用弱,水分散失慢	多点结构
3	答出 3 要点 示例:竹子的根具有很强的吸水能力,晴朗的白天蒸腾作用强,水分散失快,在无风的夜晚蒸腾作用弱,水分散失慢	
4	答出 4 要点 示例:竹子的根具有很强的吸水能力,根吸收水经导管运输到叶,主要通过蒸腾作用散失,在晴朗的白天蒸腾作用强,水分散失快,而在无风的夜晚,竹子蒸腾作用弱,水分散失慢	
5	答出 5 要点 示例:竹子的根具有很强的吸水能力,根吸收的水经导管运输到叶,主要通过蒸腾作用散失。在晴朗的白天蒸腾作用强,水分散失快,因此,根吸收的水在导管中积累少;而在无风的夜晚,竹子蒸腾作用弱,水分散失慢,根吸收的水在导管中积累多	关联结构

　　本案例是通过想象、推理、计算、推测等科学方法,构建对自然现象的科学解释,呈现的学习成果是解释自然现象的思维模型,融合了科学、数学和写作素养。

　　2.操作性探究类

　　它是指通过提问、观察、实验、测量以收集数据,检验解决真实世界的复杂问题的方案。其学习成果主要是解决问题方案的设计及检验。如表 4-1 中的项目⑧。

【案例】粗略测量太阳与地球的距离

　　在浙教版《科学》八年级下册开展本拓展性项目学习时,要求学生运用浙教版《科学》七年级下册第 2 章第 4 节"光和颜色"小孔成像和相似三角形的知识,解决"利用身边简易器材,设计方案粗略测量太阳与地球的距离"的驱动性问题。

　　课堂上学生设计测量方案很多,其中比较典型方案有:

　　方案 1:(1)地面铺一张白色幕布;

　　(2)将刻有圆形小孔(直径约为 1 cm)的硬纸片放在阳光下,离地约 1 m;

　　(3)用毫米刻度尺测量出白色幕布上光斑(太阳的像)的直径;

　　(4)根据如图 4-1 所示原理图,利用相似三角形性质计算出日地的距离。

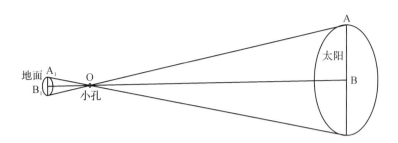

图 4-1　测量太阳与地球的距离原理图

方案 2：步骤(1)(3)(4)与方案 1 相同，步骤(2)为"将刻有圆形小孔(直径约为 5 cm)的硬纸片放在阳光下，离地约 1 m"；

方案 3：步骤(1)(3)(4)与方案 1 相同，步骤(2)为"将刻有圆形小孔(直径约为 0.5 mm)的硬纸片放在阳光下，离地约 1 m；"

方案 4：步骤(1)(3)(4)与方案 1 相同，步骤(2)为"将刻有圆形小孔(直径约为 0.5 mm)的硬纸片放在阳光下，离地约 0.5 m"。

在学生展示交流项目作品之后，再引导学生评价：方案 2 由于小孔的直径过大，地面白色幕布上的光斑不是太阳的像(若将该圆形小孔放在阳光下较高的地方，虽能小孔成像，但测量像到小孔距离又不方便)；方案 3 由于小孔的直径过小，地面白色幕布上的光斑太暗，边界不清晰，不利于测量光斑直径；方案 4 由于测量光斑直径的误差不可避免，小孔离地面白色幕布的距离太近，会放大误差带来的影响。

本案例是通过观察、实验、测量来收集数据，并检验解决真实世界现实问题的方案，呈现的学习成果是解决问题的方案及其方案检验，融合了科学、技术和数学素养。

二、工程实践类

(一)概念界定

工程实践类的科学融合教学是基于真实世界的复杂问题解决的一种工程实践，常伴随着科学实践的活动，它的学习成果是产品模型(工程模型)或原型。

(二)主要特点

(1)成果形态：工程实践类的科学融合教学的学习成果一般为制作表现类，大多为产品模型，少许是产品原型。

（2）实践形式：工程实践类的科学融合教学以工程实践为主，注重工程设计，突出设计思维的发展。

（3）学科融合：工程实践类的科学融合教学融入工程素养，即它一般融合了科学、工程、技术等学科的学习。

（三）实践应用

工程实践类的科学融合教学的案例众多，一些典型项目，如表 4-3 所示。

表 4-3　工程实践类的科学融合教学的典型项目

序号	项目名称	序号	项目名称
①	设计和制作家庭制氧机	⑤	简易 logo 投影灯制作
②	简易面包体积测定仪的设计制作	⑥	制作简易的导电测试笔
③	简易暖宝宝的设计和制作	⑦	制作简易身高体重测量仪
④	自制汽车防超载装置模型	⑧	酒酿 DIY：酿制一坛香甜可口的甜米酒

根据学习成果不同，工程实践类的科学融合教学一般可分为产品模型类和产品原型类。在实际应用中，由于产品模型的制作相对简单，工具和技术较成熟，且处在学生的"最近发展区"，因而产品模型类比较常见；而产品原型的制作受限于制作工具和技术，以及学生潜在的发展水平，因而产品原型类比较少见。

1.产品模型类

这种工程实践类的科学融合教学呈现的学习成果是产品模型，如表 4-3 中的项目①②③④⑥⑦。此类科学融合教学常将学生制作的产品模型与其原型进行比较，之后再引导学生对产品原型进行改进和优化，以发展学生分析、评价和创造的高阶思维。

【案例】设计汽车防超载装置模型

该项目是浙教版《科学》八年级下册第 1 章第 3 节"电磁铁应用"的一节新课教学类科学融合教学，其教学流程如下：创设了驱动问题"车辆超载超限不但会严重破坏公路设施，而且极易引发严重的交通事故，对路上的行人、车辆安全都造成了严重的威胁。为了防止汽车超载现象，常设置有汽车防超载装置。你能利用电磁铁设计一个汽车防超载装置模型吗？"驱动学生自主学习电磁继电器，再依次按设计与制作汽车防超载装置的模型，对自制的模型进行测试与评价，优化与完善汽车防超载装置的模型等环节展开。该项目始终沿着模型构建的过程展开教学，旨在发展学生创设模型、科学推理、科学论证、批判性思维、创造和创新等关键能力。

2.产品原型类

这种工程实践类的科学融合教学呈现的学习成果是产品原型,如项目⑧。此类科学融合教学常通过引导学生对产品原型进行改进和优化,以发展学生分析、评价和创造的高阶思维。

【案例】酒酿 DIY:酿制一坛香甜可口的甜米酒①

该项目是基于浙教版《科学》九年级上册第 4 章第 4 节"能量的获得"一课之后,提供糯米、甜酒曲、蒸馏水、天平、酒坛、量筒、温度计、筷子等器材,创设"你能利用这些器材酿制一坛香甜可口的甜米酒吗?"的驱动性问题,驱动学生自主开展"酿制甜米酒过程中,糯米为什么要煮透?""酿制甜米酒的最佳温度是多少?"等探究,并结合酿制甜米酒的原理,补全下面的酿酒设计方案:

(1)用天平称取 200 g 的糯米:＿＿＿＿＿＿＿＿＿＿＿＿＿＿＿＿＿＿；

(2)将称取的糯米放在大饭碗中浸泡 3 小时;

(3)＿＿＿＿＿＿＿＿＿＿＿＿＿＿＿＿＿＿＿＿

＿＿＿＿＿＿＿＿＿＿＿＿＿＿＿＿＿＿＿＿＿＿；

> 安琪牌甜酒曲,每包净含量8 g,可加2 kg糯米、2000 mL的水。

(4)＿＿＿＿＿＿＿＿＿＿＿＿＿＿＿＿＿＿＿；

(5)在恒温箱里保温 36 小时后有酒香即可食用。

然后再评价学生设计的方案,并选出其中的一个最佳方案。

为了让学生酿制符合要求的甜米酒,教师要求学生走访酒厂或查阅资料,调查一下酒坛的密封时间和密封方法。并让学生思考讨论:(1)在实际操作中,你是如何保证酵母菌发酵最适温度?(2)如何确保酒坛密封?(3)酿制过程中还要注意哪些事项?

在此基础上,学生动手酿制一坛香甜可口的甜米酒,然后再通过测试评价,对酿制甜米酒进行改进和优化,以发展学生创设模型、科学推理、科学论证、批判性思维、创造和创新等关键能力。

---

① 薛仕静.指向初中科学核心素养的 STEAM 课程[M].杭州:浙江工商大学出版社,2019.

第二节 小融合、中融合和大融合

根据融入 STEM 教育理念的区域不同,科学融合教学可分为小融合、中融合、大融合(简称三融合)三大基本方式[①],如图 4-2 所示。

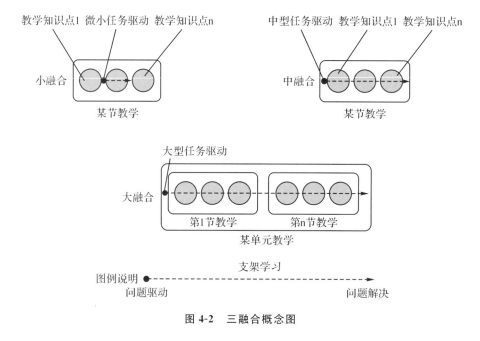

图 4-2 三融合概念图

一、小融合的内涵、特点及应用

(一)内涵

小融合是指融入 STEM 教育理念的区域是单个核心概念,即指用微项目化学习任务驱动某一核心概念学习的单点融合教学,或者说是指在初中科学某一个"核

---

① 薛仕静."STEM 教育+":基于科学的学科融合教学的策略研究[J].教学月刊,2019 (1):15-18.

心概念"的教学时嵌入微项目化学习任务。换而言之,就是运用这一核心概念或技能解决该微项目的驱动性问题,其目的是促进学生对某一核心概念的深度理解,提高学生的关键能力。

(二)主要特点

嵌入一个微项目化学习任务来局部改变学与教的结构,是科学融合教学初级层次的融合形式,具有很强的灵活性,能增大融合广度,有利于促进学生学习方式的转型,进而让深度学习真实发生,促进学生科学核心素养的发展。

在实施科学融合教学的过程中,当不具备大融合和中融合的条件时,常采用小融合。小融合主要有如下四个特点:

(1)"微"重构:基本不改变教材原有的知识结构和系统性,基本不调整教学内容逻辑顺序,用教材程度小。

(2)"小"项目:完成项目所需时间短,通常在25—35分钟。

(3)"精"目标:主要是指向某一节课中的一个核心概念的深度理解和关键能力的发展,较少与数学、艺术等内容融合。

(4)"简"环节:教学环节简约,可直接要求学生运用知识解决现实问题。通常直接进入设计(或假设)环节,而将制作、测试评价等环节拓展到课外完成,属于微项目化学习。

(三)实践应用

小融合教学通常可在新课教学和复习拓展课中应用;小融合教学主要聚焦在课堂上某一重难点知识的深度学习;根据教学设计,可采用课前拓展或课后延伸的策略,以打通课前、课中和课后学生的学习空间,确保科学融合教学课时数保持基本不变。

在教学设计时,主要是从某一节课中的一个核心概念出发,设计一个驱动性问题,要求学生运用这一核心概念解决驱动性问题,项目学习的作品可以是设计制作的产品模型或产品原型,也可以是对自然现象构建的科学解释等。

【案例】设计制作简易的水平仪

在浙教版《科学》七年级下册第3章第3节"重力"(第1课时)新课教学时,当学生通过大量自然现象意义建构重力概念之后,嵌入"设计制作简易的水平仪"的微项目化学习活动,驱动学习"重力方向总是竖直向下"的这一疑难知识点,属于工程实践类——小融合,具体学习流程,如图4-3所示。

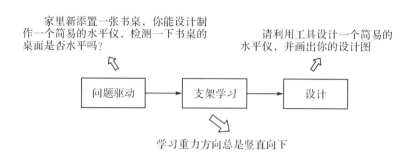

图 4-3　该微项目的部分学习流程

学生设计的简易水平仪各种各样,其中的两种典型方案,如图4-4所示。

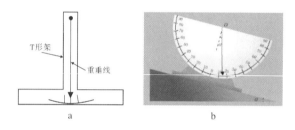

图 4-4　学生制作的简易水平仪

之后,再组织学生展示、交流与评价自己设计的方案,而将水平仪的制作延伸至课后完成……

【案例】烧蔬菜时应先放盐,还是后放盐? 为什么?

在浙教版《科学》八年级下册第 4 章第 3 节"植物的根与物质吸收"(第 2 课时)新课教学中,当学习"根毛细胞吸水和失水原理"时,嵌入一个微项目化学习活动,融合化学、生物、技术等相关知识解决驱动性问题,该项目活动时间约 35 分钟,属于科学实践类——小融合,具体学习流程如图4-5所示。

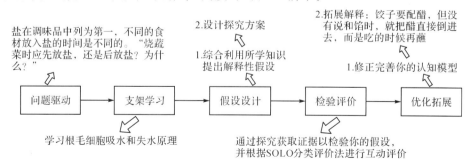

图 4-5　该微项目的具体学习流程

为了确保 1 课时完成本教学内容,课前先布置学生"烧蔬菜时应先放盐,还是后放盐?"的实践探究,课中主要让学生运用所学知识对这一现象构建科学的解释,并对学生构建的认知模型进行评价与优化。

二、中融合的内涵、特点及应用

(一)内涵

中融合是指融入 STEM 教育理念的区域是单节的核心概念,即指用中型项目化学习任务驱动某一节课学习的单节融合教学,其目的是改变某一节课学与教的结构,促进学生学习方式转型,让深度学习真实发生,进而促进学生科学核心素养的发展。

(二)主要特点

中融合介于大融合和小融合之间,是科学融合教学的中级融合形式。用嵌入的一个中型学习任务来局部改变学与教的结构,即用一个项目贯穿一节课教学的始终,以改善学生学习的环境(情境、学习、协作、意义建构),是普遍使用的融合方式。

具体地说,就是通过对驱动性问题的持续探索来学习隐藏在驱动性问题中的核心概念,促进学生学习方式的转型,并通过图式、迁移应用等学习方法促进学生对核心概念原理的"融会贯通",进而让深度学习真实发生,促进学生科学核心素养的发展。

在实施科学融合教学的过程中,当不具备大融合的条件时,常考虑采用中融合。中融合主要有如下四个特点:

(1)"小"重构:基本不改变教材原有的知识结构和系统性,服从项目内容组织,常改变教材内容的先后逻辑,用教材程度较大。

(2)"中观"项目:完成项目所需时间略长,通常在 1—5 课时。

(3)"优"目标:统整并优化本节课的教学目标,主要指向本节课核心概念的深度理解和关键能力的发展,适当与数学、艺术等内容融合。

(4)"全"环节:驱动性问题的解决贯穿本节教学的全过程,教学环节齐全,一般有问题驱动、支架学习、假设设计(或设计制作)、测试评价(或检验评价)和优化拓展五大环节。

（三）实践应用

中融合可在新课教学中应用，也可在复习拓展课中应用。在开展科学融合教学时，中融合中常嵌入小融合。根据教学实际，还可开展课前拓展或课后延伸，以打通课前、课中和课后学生的学习空间。

在教学设计时，主要从某一节中的若干核心概念出发，设计一个驱动性问题，要求学生运用这些核心概念解决驱动性问题，项目化学习作品可以是设计制作产品模型或产品原型，也可以是对自然现象构建的科学解释等。

【案例】探秘海市蜃楼

在浙教版《科学》七年级下册第 2 章第 5 节"光的反射和折射"新课教学之后，可开展"探秘海市蜃楼"的复习拓展课（1 课时），要求学生运用相关知识对海市蜃楼的成因进行科学的解释，属于科学实践类——中融合，具体学习流程，如图 4-6所示。

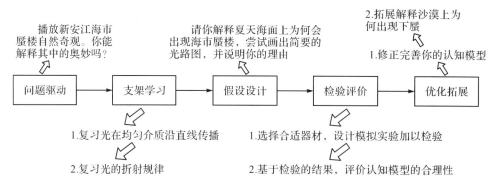

图 4-6 "探秘海市蜃楼"的具体学习流程

【案例】制作一个简易的良心壶

在浙教版《科学》八年级上册第 2 章第 3 节"大气的压强"新课的教学时，可创设"你知道良心壶的奥秘吗？你能设计制作一个简易的良心壶吗？"的驱动性问题驱动本节的新课教学（第 1 课时），属于工程实践类——中融合，具体学习流程，如图 4-7 所示。

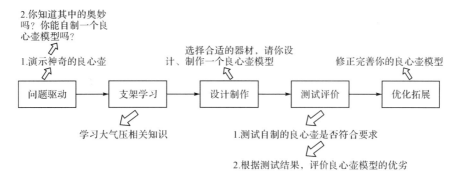

图 4-7　"制作一个简易的良心壶"具体学习流程

在教学中,良心壶制作等环节的学习通常拓展至课后完成。

三、大融合的内涵、特点及应用

(一)内涵

大融合是指融入 STEM 教育理念的区域是单元的核心概念,即指以大项目化学习任务驱动整个单元的统整教学,旨在整体性优化、完善学和教的结构,以及学习环境,促进学生学习方式转型,让深度学习真实发生,通过单元学习内容和学习方法的增值,进而促进学生科学核心素养的增值发展。

(二)主要特点

大融合是科学融合教学的高级融合形式,它主要有如下四个特点:

(1)"大"重构:常会打破教材原有的知识结构和系统性,一般需要按照项目的学习内容对教材内容进行重组,打破原有教学内容的先后逻辑顺序,用教材程度大。

(2)"长"项目:完成项目所需时间长,通常在 5 课时以上。

(3)"优"目标:优化单元整体的教学目标,促进本单元核心概念的深度理解和关键能力的发展,常常涉及数学、艺术等跨学科融合。

(4)"全"环节:驱动性问题的解决贯穿本单元教学的全过程,教学环节齐全,一般有问题驱动、支架学习、假设设计(或设计制作)、测试评价(或检验评价)和优化拓展五大环节。与中融合和小融合相比,其每一个环节的教学时间将更长。

(三)实践应用

(1)大融合通常可在新课教学和复习拓展课中应用。

（2）在科学融合教学时，首选大融合，其次中融合、小融合；大融合中常包含中融合，中融合中又常包含小融合。

（3）根据教学实际设计不同类型的大融合。根据大融合教学是否属于教材中的同一个单元，分为单元内大融合和跨单元大融合。就单元内大融合教学而言，又根据是否用一个驱动性问题驱动整个单元内容的学习，分为单元整体大融合和单元分部大融合，具体如表 4-4 所示。

表 4-4　单元融合教学的不同设计类型比较

	类型	模式图	案例
单元内大融合	单元整体大融合		植物移栽中的科学
	单元分部大融合		神奇的光现象探秘
			弹簧秤的制作与应用（新课） 身高体重测量仪的制作（复习课）
跨单元大融合	不同单元间大融合		防疫口罩制作（新课） 自制温度计——感知科学发展之"冷暖"（复习课）
图例说明		 单元（某章）　　整合后的小单元　　问题驱动　　问题解决	

【案例】弹簧秤的制作与应用①

当具备大融合的条件时，首选大融合，也称单元整体融合。大融合即指基于初中科学，以项目化学习活动为主题的单元课程整体重构，具体地说，就是以项目化学习活动引领单元的整体学习，以促进单元的内容增值、方法增值和目标增值，进而促进学生科学核心素养的增值发展。如针对浙教版《科学》七年级下册第 3 章第 2 节"力的存在"、第 3 节"重力"、第 5 节"二力平衡的条件"、第 6 节"摩擦力"的内容，利用"弹簧秤的制作和应用"的项目化学习活动进行单元整体重构。本单元的核心内

---

①　薛仕静."STEM 教育＋"：基于科学的学科融合教学的策略研究[J].教学月刊,2019（1）:15-18.

容是"弹簧秤的制作与应用",单元教学整体重构的框架如图 4-8 二力平衡条件。

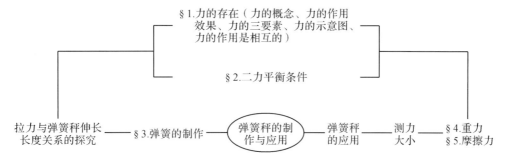

图 4-8　单元教学整体重构的框架

重构后的单元至少具有如下两大优势：

一是它弥补了原有教材在编排上的不足。原教材是将"二力平衡"的内容安排在教材本章的第 5 节,"重力"内容安排在本章的第 3 节。因而,学生既无法理解"在做验证重力方向是竖直向下的实验时,为什么重力方向与细线是在同一直线上?",也无法理解"在用弹簧秤测量物体的重力时,为什么重力大小会等于弹簧秤对重物的拉力?"。

如图 4-8 所示,"拉力与弹簧秤伸长长度关系的探究实验"是学习"弹簧秤的制作"(第 3 节)的基础;而"二力平衡条件"既是"拉力与弹簧秤伸长长度关系的探究"的基础,又是后续学习"影响重力、摩擦力大小因素的实验探究"的必备知识。因此,将二力平衡内容前置到第 2 节学习,是合理、有效的。

二是它促使了初中科学与 STEM 教育理念的有机融合。在单元整体重构(大融合)后,在单元的不同节次中还嵌入了中融合或小融合(如表 4-5 所示),这样便最大限度地挖掘了本单元科学教材的教育价值,促进了 STEM 教育理念有机地融入初中科学教学之中。

表 4-5　本单元的大融合、中融合、小融合的分布情况

节　次	大融合	中融合	小融合
第 1 节 力的存在	以"弹簧秤制作和应用"的项目化学习活动为主题进行单元教学整体重构	—	设计制作水火箭
第 2 节 二力平衡条件		—	—
第 3 节 弹簧秤的制作		设计制作弹簧秤	—
第 4 节 重力		—	设计制作简易的水平仪
第 5 节 摩擦力		设计与制作气垫船	设计制作简易廊桥

实践表明：小融合、中融合、大融合是三个不同层次的课程重构方法，它们的合理使用与互补搭配，一是发挥了科学教育的最大价值，弥补了科学教材中 STEM 教育的不足；二是突破了以社会为中心取向的课程建设难点，为科学课程的进一步整合提供了新思维、新方向，让科学课程的重构有了更多的可能性和可操作性。

第三节　科学融合教学的分类特点

根据不同的分类标准，科学融合教学可分成不同的类型。从各种具体类型看，它们特点鲜明，既有区别又有联系；从分类整体看，它们具有多样性、层次性和统一性三大特点。

一、各种类型的特点

（一）科学实践类和工程实践类的特点比较

科学实践类和工程实践类既有共同点，又有不同点，如表 4-6 所示。

表 4-6　科学实践类和工程实践类的主要特点

类型	共同点	不同点		
		实践形式	学习成果	学科融合
科学实践类	基于项目的学习	属于科学实践	是科学模型	一般融合了 S、T、M
工程实践类		以工程实践为主	主要是工程模型	一般融合了 S、T、E、M

1.共同点

两者都融入了 STEM 教育理念，从学习方式的维度看，它们都采用项目化学习；从学习内容的维度看，它们注重跨学科融合；从学习过程的维度看，它们都有问题驱动、成果展示、互动评价和优化完善等教学环节；从学习目标的维度看，它们都指向创设模型、科学推理、科学论证、质疑创新等科学核心素养的发展。

2.不同点

前者的实践形式是科学实践，其学习成果是一种科学模型，而不是产品模型或原型,一般没有融合工程素养;后者的实践形式主要是以工程实践为主,一般伴随着科学实践活动,其学习成果是产品模型(工程模型)或产品原型,两者在美国的《新标准》提及的 8 种具体的实践类型上也有差异。一般融入工程素养。以建立和使用模型为例,对于尚无法直接观察的事物,在科学上可以通过模型来揭示其特征和本质,在工程上可以通过模型的模拟来发现设计是否具有缺陷等。在本书第二章第二节中已经对美国的《新标准》中的 8 种实践类型进行了比较,因此,其他方面的差异就不再赘述。

3. 主要联系

工程是指以某组设想的目标为依据,应用有关的科学知识和技术手段,通过有组织的一群人将某个(或某些)现有实体(自然的或人造的)转化为具有预期使用价值的人造产品的过程。因而科学实践类和工程实践类的科学融合教学联系密切。

(1)科学实践的活动常常始于工程问题的情境。如在浙教版《科学》八年级下册第 1 章第 6 节"家庭电路"学习时,创设了"……为了保护家庭电路的安全,请你在家庭电路中设计一个安全保护装置"的工程问题情境,以开展对熔断器中保险丝特点和断路器工作原理的探究等科学实践。

(2)由于工程实践中常常伴随着科学实践的活动,因而工程实践类的科学融合教学中既有工程实践,又有科学实践,但以工程实践为主,科学实践主要是服务于工程问题的解决。如"自制汽车防超载装置模型"项目,学生最终的目的是设计、制作满足预期使用价值的汽车防超载装置模型(工程实践)。为完成此项任务,学生首先应具备设计汽车防超载装置模型的背景知识,这些背景知识包括电磁铁相关知识的应用(如电磁继电器)等。因而,在该项目化学习的过程中,学生既要参与工程实践,又要参与科学实践。

(二)小融合、中融合、大融合的特点比较

小融合、中融合、大融合既有共同点,又有不同点,如表 4-7 所示。

表 4-7　小融合、中融合、大融合比较

比较内容	小融合	中融合	大融合
内涵	是指用微项目化学习任务驱动某一核心概念学习的单点融合教学	是指用中型的项目化学习任务驱动一节课学习的单节融合教学	是指用大项目化学习任务驱动整个单元学习的单元融合教学
任务大小	微小任务	中型任务	大型任务

续　表

比较内容	小融合	中融合	大融合
融合区域	单点融合	单节融合	单元融合
教材逻辑	一般不突破	一般不突破	一般要突破
教学时间	一般为 25—35 分钟	一般为 1—5 课时	一般为 5 课时以上
应用课型	新课教学或复习拓展课		
说明	"某节教学"是指教材中的"一节"教学或这一节中的 1 个课时教学		

1. 共同点

三者都融入了 STEM 教育理念。从学习方式的维度看，它们都采用项目化学习；从学习内容的维度看，都注重跨学科融合；从学习目标的维度看，都指向科学核心素养的发展。

2. 不同点

三者的根本区别在于驱动学习的项目化学习任务所统摄的学习内容多少。即微项目化学习任务、中型项目化学习任务、大型项目化学习任务分别是小融合、中融合、大融合的主要特征，并决定了小融合、中融合、大融合各自不同的特点。由于微项目化学习任务所统摄的学习内容少，因而小融合对教材重构小，教材逻辑一般没有突破，所需的教学时间也比较短；中融合和大融合的其他特点（如表 4-7 所示）由此类推。

3. 主要联系

在开展科学融合教学时，大融合中常嵌入中融合，中融合中常嵌入小融合。

二、分类体系的特点

（一）多样性

分类体系的多样性不仅体现在分类的多样性，还体现在具体实践中分类组合的多样性。

1. 分类的多样性

根据不同的分类标准，科学融合教学可以分成不同类型，体现了科学融合教学分类的多样性。如图 4-9 所示。

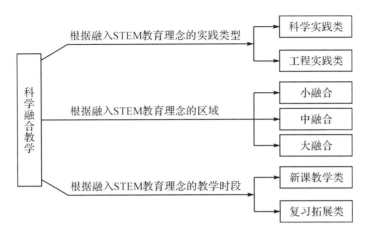

图 4-9　科学融合教学分类

2.组合的多样性

上述的科学融合教学,就选择的类型而言,其基本的组合有 $C_2^1 C_2^1 C_3^1 = 12$ 种;若以一个单元教学为例,考虑每 1 个节次开展科学融合教学的有无及其类型分布的不同,其组合将会增加很多;若以 6 册书中的所有单元为例,其组合更是数不胜数。

(二)层次性

1.三融合的层次性

从所需的教学时长看,大融合大于中融合,中融合大于小融合;从融合的程度看,大融合、中融合、小融合的融合程度依次由高级到低级,因此,在开展科学融合教学时,若条件成熟,首选大融合,其次是中融合、小融合,这体现了科学融合教学的层次性;从单元融合教学的组合看,也会呈现不同层次的科学融合教学形式。

2.实践形式的层次性

科学实践类主要融合了科学、技术和数学素养,一般没有融入工程素养;而工程实践类,一般伴随着科学实践活动,一般融合了科学、技术、数学和工程素养。在科学融合教学时,首选开展工程实践类,其次开展科学实践类。

3.课型的层次性

新课教学类和复习拓展类也存在一定的层次关系,前者是根本,是基础;后者是补充、拓展和延伸。

（三）统一性

无论采用哪一种类型的融合形式进行教学,融入 STEM 教育理念是它们的共同特点,体现了多样性和共性的统一。它们的共性表现在:

（1）以项目化学习为基本的学习方式,体现项目化学习的核心特征。

（2）具有跨学科融合特质。它显然不同于以主题式教学方式的整合教学（水果沙拉拼盘式的整合教学）,而是以项目化学习的方式来统整教学（鸡尾酒式的融合教学）。

（3）具有共同的教学目的:①保持和激发学生的学习兴趣;②加深对科学理论的理解;③促使学生合作交流,适应现实的复杂性。

三、分类体系的创新

（一）分类体系科学合理

1.符合教学实际

一是整合和探究是初中科学的两大特色,但是依然存在融合不足、探究失真、工程实践缺失等"高分低能"的现状,因而根据实践形态将其分为科学实践类和工程实践类,是对科学探究的迭代升级;二是科学教学存在融合广度不足的问题,因而通过融合区域和时段的维度不同进行分类,有利于提升融合广度。

2.具有学理支持

首先,美国的《新标准》强调科学教育中的三个维度,科学与工程实践是这三个维度之一,因而根据实践形态将其分为科学实践类和工程实践类,符合这一教育理念;其次,新课单节教学是发展核心素养的基本单位,单元统整教学是实现核心素养的重要教学方式,因而根据融入区域将其分为大融合、中融合、小融合,与这些观点相吻合;最后,随着我国新一轮课程改革的不断深入,拓展性课程作为国家课程的延伸与拓展,已受到人们的广泛认同和高度重视,因而根据融入时段将其分为新课教学类和复习拓展类,体现了我国新一轮课程改革的新理念。

（二）分类体系可突破难点

由于初中科学教育是以学科为中心的课程取向,而 STEM 教育强调以社会为中心的课程取向,因此,STEM 教育融入初中科学教学存在天然的障碍,融合广度不足是有效实施科学融合教学亟须解决的瓶颈问题。

　　具有多样性、层次性等特点的分类体系,可根据实际进行适当组合、互补搭配,它有利于解决科学教学中的融合广度不足的瓶颈问题,有利于提升科学融合教学的广度,也让科学课程的重构有了更多的可能性和可操作性。

第 五 章

科学融合教学课程的开发

　　课程与教学是两个有争议的概念,两者的关系主要有三种:教学包含了课程;课程包含了教学;两者相互关联。在基础教育课程改革中,提倡要整合课程与教学,也就是要把课程与教学作为一个有机整体来看待。一方面,把教学作为课程的开发过程;另一方面,把教学作为课程的体验过程。在这个过程中,教学与课程相互转化、相互促进,彼此有机融为一体,课程与教学不再是并列的关系,而是融合为一体。[①]

　　那么,科学融合教学课程有哪些开发路径?课程又如何进行开发设计? 它应遵循哪些设计原则?

① 王敏勤. 课程与教学的关系与整合[J]. 中国教育学刊,2003(8):26-28.

第一节　科学融合教学课程的开发路径

科学融合教学课程来自哪里？哪些内容适合开展科学融合教学？这是我们在教学实施过程中遇到的第一道坎。根据课程开发的来源不同，科学融合教学课程有三条开发路径。每一条开发路径，根据不同的分类标准，又可分为不同的具体的开发路径。这些开发路径在实际应用中相辅相成，相得益彰。

一、基于素材的课程开发路径

即指从教学素材出发，并将教学素材转化为课程的开发路径。根据课程原创程度的不同，又将其具体分为嫁接、转化和创生三条开发路径，如图 5-1 所示。

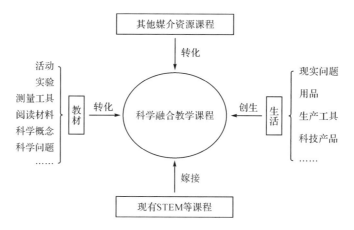

图 5-1　基于素材的课程开发路径

（一）嫁接

它即指将现成的 STEM 课程或项目化学习课程（"接穗"）的核心理念与内容（形成层）接到科学（"砧木"）的核心概念原理教学（形成层）上，以形成一个既具有"接穗"优良性状，又具有"砧木"的独特品质课程的开发路径。它是一种快捷、操作相对容易、比较常见的课程开发路径。

（二）转化

它即指采用融入 STEM 教育理念的方法，将科学教材中的活动、实验、测量工具、阅读材料、科学概念、科学问题以及其他媒介的课程资源转化为课程的开发路径。它是一种常见，操作性很强的课程开发路径。

（三）创生

它是指采用融入 STEM 教育理念的方法，从生活中的现实问题、用品、生产工具和科技产品入手，首创性地构建课程的开发路径。它是一种课程价值大，但对教师要求高，操作相对较难的课程开发路径。

源于三种开发路径的典型课程及素材来源，如表 5-1 所示。

表 5-1　课程的开发路径及举例

开发路径	课程名称	素材来源
嫁接	无人机设计和制作	美国的"无人机设计和制作"课程
转化	自制温度计——感知科学发展之"冷暖"	七年级上册第 1 章第 4 节"科学测量"中的温度测量工具
	制作简易太阳能海水蒸馏器	八年级上册第 1 章中 STSE 阅读材料
	酿制一坛香甜可口的甜米酒	九年级上册第 4 章第 4 节葡萄酒酿制过程图
	简易气压计的制作	教材中科学概念原理
创生	制作简易的导电测试笔	生活中电学测试工具
	量身定做 logo 投影灯	生活中商业广告的宣传工具
	自来水漏水检测仪设计	学校自来水管大面积漏水，利用常规方法又无法检测漏水点时而产生的现实问题

二、基于知识或问题的课程开发路径

即指采用融入 STEM 教育理念的方法，从教学知识或问题出发开发课程的路径。根据课程的开发是从知识出发，还是从问题出发，又将其具体分为如下的两条开发路径。

（一）基于知识的课程开发路径

哪种类型的知识适合开展科学融合教学？从布鲁姆的知识分类看，概念性知识最适合,程序性知识次之,事实性知识不适合;元认知知识将在科学融合教学中得到增强;从课程标准的知识目标要求看,一般地说,应用层次的知识最适合,理解层次的知识次之,了解层次的知识不适合。从而避免由于拔高知识的要求而增加学生学业负担。中科院原院长周光召先生在为《科学教育的原则和大概念》一书作的序中写道:"科学教育不应该传授给孩子支离破碎的抽象理论和事实,而是应当选择一些重要的科学观念,用恰当、生动的方法,帮助孩子们建立一个完整的对世界的理解。"①美国学者格兰特·威金斯(Grant Wiggins)和杰伊·麦克泰格(Jay Mc Tighe)在所著的《追求理解的教学设计》一书中认为,大概念"能够使离散的事实和技能相互联系并有一定意义",是"构成成功学习表现基础的关键概念"。因而,从知识层次的高低看,指向最低层次的知识点是不适合科学融合教学的;指向最高层级的学科大概念是适合科学融合教学的,因为大概念具有很强的辐射、迁移功能,基于大概念教学则事半功倍。

但是,在实际操作中我们发现直接用最上位的大概念开展教学是不合适的。如在教学时"人体的体温为什么会相对稳定",直接用"平衡思想""生物体是一个统一整体"的大概念来设计太大了,需要用"体温控制"这一比较中观的概念来支撑;又如在"简易暖宝宝的设计和制作"教学时,直接用"能量守恒定律""结构与功能"等大概念来设计也太大了,需要用"化学反应会释放出热量""不同反应放热多少是不一样的"这些比较中观的概念来支撑。我们把这些最适合开展科学融合教学的特定概念称为"关键概念"②。那么,基于知识的课程开发又有哪些路径呢?

1.建构生活原型或模型,还原抽象的科学概念

在"自制动植物细胞模型"一课教学中,细胞有怎样的结构与功能,我们看不见摸不着,是一个很抽象的概念,难以理解记忆。我们不妨让学生设计制作简易的细胞模型将抽象概念还原为直观的模型,以促进学生对细胞结构与功能的深度理解。

2.应用科学原理,构建模型或原型

在八年级下册第3章第4节"二氧化碳"(第1课时)教学时,可应用二氧化碳的物理性质和化学性质来构建对"为什么充分摇晃后的碳酸饮料可以灭火?"的科学解释;又如在"设计汽车超载装置模型"或"设计、制作简易温控电风扇"一课的科学融合教学时,均可应用电磁继电器的工作原理来设计。

---

① 王敏勤.课程与教学的关系与整合[J].中国教育学刊,2003(8):26-28.

② 夏雪梅.项目化学习设计:学习素养下的国际与本土实践[M].北京:教育科学出版社,2018.

3.应用实验技能制作产品原型或模型

在"润唇膏的制作"的教学时,主要就应用水浴法加热、量筒测量液体体积、天平测量物体质量、玻璃棒搅拌等实验技能来制作润唇膏产品。

(二)基于问题的课程开发路径

驱动性问题是科学融合教学的核心特征之一,因而设计驱动性问题是课程开发的一个关键要素。而设计驱动性问题的一个核心策略是:通过融入 STEM 教育理念将良构问题转化为较为复杂的劣构问题。那么,基于问题的课程开发又有哪些路径呢?

1.变"是什么"问题为驱动性问题

在浙教版《科学》七年级上册第 2 章第 2 节学习细胞内容时,我们常用"动植物细胞各有哪些结构,它们有哪些异同点?"的良构问题引导学生阅读动植物的细胞模式图。在开展科学融合教学时,我们则融入 STEM 教育理念,将此良构问题转化为"为了便于人们认识细胞的结构,你能制作一个简易的细胞模型吗?"的劣构问题。

2.变"为什么"问题为驱动性问题

在浙教版《科学》八年级上册第 4 章的复习拓展课上,我们常用"你能结合身高体重测量仪的电路图,解释身高体重测量仪的工作原理吗?"的良构问题驱动学生复习欧姆定律、滑动变阻器和串并联电路等电学知识;而在开展科学融合教学时,我们则融入 STEM 教育理念,将此良构问题转化为"你能制作一个简易的身高体重测量仪吗?"的劣构问题。

3.变"怎么样"的问题为驱动性问题

在浙教版《科学》七年级上册第 1 章第 5 节"学习凸透镜成像规律"的内容时,我们常用"凸透镜成像有什么规律呢?"的良构问题引导学生探究学习。在开展科学融合教学时,我们可融入 STEM 教育理念,将良构问题转化为"你能制作一个简易的 logo 灯吗?"的劣构问题。

三、基于融合类型的课程开发路径

即指从融合类型出发,选择合适的课程资源构建课程的开发路径。根据融合类型组合的不同,又将其具体分为 12 条课程开发路径,并广泛地应用于实践之中。

（一）12条课程开发路径

根据不同的分类标准,科学融合教学可分为本书第四章第三节图4-9中的三种类型,其思维路径一般分为三步走:首先,考虑这个科学融合教学课程定位是新课教学类,还是复习拓展类;其次,考虑本内容是适合进行科学实践类,还是工程实践类的科学融合教学;最后,再考虑是适合大融合、中融合,还是小融合。可见,这种思维路径就有12种组合,实际上就形成了课程开发的12条实施路径,且在实践中被证明具有很强的可操作性。

（二）课程开发路径的应用

根据这些路径,我们开发了大量的科学融合教学课程,如表5-2所示。

表 5-2　根据 12 种路径开发的课程举例

融合类型			项目名称	章节分布
新课教学类	科学实践类	小融合	摩擦后物体为什么会带电	八年级上册第4章第1节
		中融合	纸币为什么老抓不住	八年级上册第3章第3节
		大融合	为什么空气中的 CO_2 和 O_2 含量会基本稳定	八年级下册第3章
	工程实践类	小融合	水平仪的设计和制作	七年级下册第3章第3节
		中融合	电路故障的"听诊器"	八年级上册第4章第5节
		大融合	制作家庭迷你温室大棚	八年级下册第3章
复习拓展类	科学实践类	小融合	竹子为什么"流泪"	八年级下册第4章第5节
		中融合	探秘海市蜃楼	七年级下册第2章第5节
		大融合	探秘铜币的材质	七年级上册第1章
	工程实践类	小融合	简易热管的设计与制作	七年级下册第4章第6节
		中融合	自制简易输液监测仪	八年级下册第1章第3节
		大融合	自制高效的家庭酒精消毒液	八年级上册第1章

第二节　科学融合教学课程的系统设计模型

本章第一节就课程来自哪里和怎么来的问题进行阐述之后,我们必须面对的重大而又现实的问题就是如何以科学课程标准为依据重构课程内容,即如何进行课程设计? 这是我们在科学融合教学课程设计过程中遇到的第二道坎。为了确保课程设计有序、有效实施,我们构建了科学融合教学课程的系统设计模型。

一、模型内涵

该模型如图 5-2 所示,它是指教学设计应基于课程标准,聚焦科学核心素养的发展,对课程资源进行系统规划,统筹安排教学各要素:一是选定项目化学习主题与确定合适的学习内容;二是确定学习目标和评估方案;三是设计学习活动,其包括设计驱动性问题、支架学习和解决驱动性问题的学习活动。

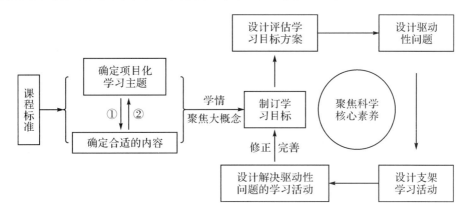

图 5-2　科学融合教学课程的系统设计模型

该系统设计模型适用于小融合、中融合和大融合的教学设计,但它在小融合、中融合和大融合中的内涵、应用策略等方面也有不少的差异。

二、模型解读

该系统设计模型以教学设计理论(如 UbD 的逆向设计等)为依据,主要从学习主题与内容的确定、学习目标与评估方案的制订以及学习活动的设计三大板块构建。

（一）选定项目化学习主题与确定合适的学习内容

学习主题与内容的确定是该系统设计的开始，学习主题的选定与学习内容的确定既有区别，又有联系，但它们始终都以课程标准为依据。

（1）以课程标准为依据，从学情出发，先确定项目化学习主题，再确定合适的内容；或先确定合适的内容，再确定项目化学习主题。

（2）小融合、中融合和大融合教学设计在确定学习主题和内容方面存在差异，具体如表5-3所示。

表 5-3　三融合的教学设计比较

分类	确定的项目化学习主题	确定的学习内容
小融合的教学设计	微项目化学习主题	某一核心概念
中融合的教学设计	中型项目化学习主题	某一节课的核心知识
大融合的教学设计	大型项目化学习主题	某一单元的核心知识

需要强调这里的"核心知识"有别于小融合教学设计中的"核心概念"，它是指科学融合教学的设计需要寻找从大概念到关键概念（在本章第一节中已做界定），再到知识点的一整套知识体系，这一整套的知识体系就是这个科学融合教学的核心知识（将在本书第七章第三节中做深入阐述）。

（二）制订学习目标与评估方案

学习目标和评估方案的制订是实现教—学—评一致性的关键。

（1）在确定学习主题和内容之后，基于课程标准和学情，统整科学融合教学的学习目标。

（2）采用逆向设计策略，以终为始，制订学习目标的评估方案，其中包括项目化学习成果和学习过程评价量表等。

就小融合、中融合和大融合教学而言，这里所说的学习目标分别是指单点、单节和单元的学习目标。由于小融合、中融合和大融合学习目标由简单到复杂，它们学习目标的统整将由易变难。

（三）设计学习活动

其中包括设计驱动性问题、支架学习和解决驱动性问题的学习活动。

（1）设计驱动性问题。要把握好驱动性问题的真实性、探究性和挑战性等特征，厘清怎样的驱动性问题有利于激发学生持续探究，以促进高阶思维的发展。

（2）设计支架学习活动。解决驱动性问题所需要的背景经验，有些是学生已有的，有些是需要学生通过探究自主建构的。对解决驱动性问题而言，这些需要自主建构的背景经验就相当于支架，对背景经验的自主建构过程就称为支架学习。

（3）设计解决驱动性问题的学习活动。由于小融合、中融合和大融合的驱动性问题所统摄的背景经验逐渐增多，其教学的支架学习活动和解决驱动性问题的学习活动所需教学时间势必逐渐增多。

设计完毕后，往往还需经过反思，再进一步修正、完善学习目标。

三、应用策略

该系统设计模型的应用是否有效跟学习主题的选择、驱动性问题与驱动性问题解决活动的设计，以及如何确保教—学—评一致性密切相关。

（一）确定合适的学习主题

学习主题彰显着科学融合教学的核心价值，科学融合教学的学习主题以科学核心素养及其进阶发展为目标，对相关教学内容进行整合，体现学习目标、学习情境、学习活动和学习评价的一体化。科学融合教学的学习主题有真实的客观存在，具有复杂性、整合性、驱动性和可操作性。

1. 学习主题应关注真实的生活世界

即学习主题应具有真实性特征，倡导来源于丰富多彩的生活世界，如表 5-4 所示。因而，学习主题又具有多样性的特征。

表 5-4　科学融合教学学习主题来源

类别	主题来源	学习主题
实物类	测量工具	制作简易身高体重测量仪
	产品制作	防疫口罩设计和制作
	农业生产	搭建迷你温室大棚
	……	
现象类	社会议题	空气中的 CO_2 和 O_2 含量为什么会保持相对稳定
	生活现象	烧蔬菜时应先放盐，还是后放盐？为什么
	自然现象	探秘海市蜃楼
	……	

此外,实物类还包括工业生产、高科技产品、演示实验器材等,现象类则还包括社会热点等。

2.学习主题应统摄核心知识

科学融合教学的学习主题承载全程持续的学习,应蕴含本节或本单元的核心知识。在具体的教学设计中,要依据课程标准、结合学情,精选核心知识。为此要做到:一是要厘清核心知识在课标中的目标要求水平,避免"超纲教学";二是要厘清核心知识是否为学生学习的疑难概念,避免"无病呻吟"。

以"烧蔬菜时应先放盐,还是后放盐? 为什么?"的小融合教学为例,在依据课程标准,选定"烧蔬菜时应先放盐,还是后放盐? 为什么?"的学习主题,该学习主题涉及蒸发快慢因素、溶液浓度变化以及植物细胞吸水与失水原理等背景经验,在教学设计时,究竟应选择哪一核心知识开展教学? 由于"植物吸水与失水原理"既是一个核心概念,又是一个疑难概念,因此行之有效的方法是:本主题聚焦"植物细胞吸水与失水原理"的学习,其他概念性知识则作为学生已有的背景经验。再以"制作简易身高体重测量仪"的大融合教学为例,因为"欧姆定律""滑动变阻器""电压表与电流表使用""串并联电路特点"等知识既是初中阶段的核心概念,又是学生学习的疑难概念。因此,本学习主题聚焦"欧姆定律"这一关键概念以统摄"滑动变阻器""电压表与电流表使用""串并联电路特点"等核心知识是合适有效的。

(二)确保教—学—评的一致性

教—学—评一致性是有效教学的重要路径。因此在系统设计教学时,如何确保教—学—评一致性至关重要。为了实现科学融合教学的目标宗旨,学习目标应聚焦科学核心素养和学习目标评估应以终为始是其中的两大核心策略。

1.学习目标应聚焦科学核心素养

科学融合教学是以发展学生科学核心素养为目标,通过驱动性问题的驱动,使学生在持续探究中习得知识与技能,发展关键能力,养成必备品格。在科学融合教学中,聚焦科学核心素养即是聚焦基于驱动性问题解决的持续探究的学习过程,按照问题驱动、支架学习和问题解决三要素统整其学习目标,如表5-5所示。

表 5-5　科学融合教学目标统整

项目化学习	学习活动	统整后主要的学习目标
基于驱动性问题解决的持续探究	问题驱动	激发学生学习动机
	支架学习	激活原知识,意义建构科学概念
	问题解决	①综合应用科学、工程、技术等学科解决实际问题 ②突出"协作和交流能力、批判性思维、创造和创新能力"等关键能力的发展

在支架学习活动中,主要是注重整合教材中意义联结真实情境的相关学习内容的课程标准的要求。且以关键概念为主要抓手,在大概念统领下统整指向核心知识的学习目标。在问题解决过程中也如此。同时注重在跨学科大概念视野下统整学习目标,对于三融合而言,大融合的学习目标统整得更广、更深,效度更大,促进了学习目标的显著增值。关于科学融合教学如何指向科学核心素养将在本书第七章第一节和第三节中进阶式加以阐述。

2.学习目标评估应以终为始

为了促进"教—学—评"的一致性,科学融合教学应采用"逆向教学设计"策略。"逆向教学设计"是 UbD 理论的核心策略,它是指先确定什么样的教学目标是达到理解的目标,然后再考虑用什么办法来证明学生确实掌握了学习目标、实现了理解。为此,科学融合教学课前应先制订好包括目标、测评工具或方法的评价方案,尤其是应根据学习目标设计好指向过程和指向结果的测评量表(如本书第七章第三节"制作简易的导电测试笔"的案例)。

(三)设计适切的驱动性问题

适切的驱动性问题至少应具有真实性、统摄性和挑战性三个层次的特征:其中真实性是驱动性问题的根本特征,它又决定驱动性问题具有统摄性和挑战性的两大特征。

1. 真实性

真实性是指驱动性问题应来源于生活实际,为结构不良问题,具有一定的复杂性和趣味性。它至少包含情境的真实性和问题的真实性两个层次的意义。

2.统摄性

统摄性是指驱动性问题包含大量的知识和技能,统领课堂中的其他问题,具有核心性和丰富的内涵。① 它是一个牵一发而动全身的核心问题,包含本项目所需学习的全部的知识内容,具有先行组织者的作用。首要教学原理认为,"以问题为中心"的教学有利于促进学习。

3.挑战性

挑战性是指问题的设置既要处在学生的"最近发展区",又要促使学生进入愤悱状态,以让学生跳一跳能够得着,进而激发学生的学习动机。

以"设计制作降噪隔音壁的模型"项目为例,该项目是学习了浙教版《科学》七年级下册第2章第2节"声音的产生与传播"之后而开展的一节复习拓展课,课中创设了这样的一个驱动性问题:由于近期温州第一条轨道交通S1线正式投入使用,给市民出行带来极大便利的同时,S1线运行也给附近居民带来了噪音的干扰。为了解决附近居民的困扰,假如你是工程设计师,请你设计一款能有效降低噪声的隔音壁模型,并写出产品说明书。这个驱动性问题由于是发生在学生身边的真实事件(具有真实性),学生总是充满好奇心,因而具有趣味性;由于真实的问题情境是比较复杂的,因而它又具有挑战性;同时该真实的情境包含了"声音的产生与传播"一课中的核心知识,因此,它还具有统摄性。由此可见,这是一个适切的驱动性问题,有利于驱动学生持续地探究,以激发学生的学习动机。

(四)精心设计解决驱动性问题的学习活动

头脑风暴是一种很好的设计方法,但绝不是唯一的。因此在驱动性问题解决活动的设计,尤其是方案设计时,务必考虑学生实际,选用合适的方法。

1.学习活动应倡导让学生头脑风暴

科学融合教学倡导学生在解决驱动性问题过程中,如设计解决问题的方案时常开展头脑风暴,以激活学生思维,激发学生学习动机,培养学生开放思维和创新思维。

以"设计和制作简易暖风烘干机"的项目为例,该项目是学习了浙教版《科学》九年级上册第3章第6节"电能"之后,要求学生小组头脑风暴,画出简易暖风烘干机产品功能电路图,并写出具体的制作步骤。(可供选择器材:发热体、风扇、电源、开关、导线等。)这里解决驱动性问题的学习活动,之所以让学生开展头脑风暴,原因有二:一是学生跳跳能摘到果子;二是本节课在拓展课展开,有充足的时间支持。

---

① 陈锋.初中科学概念教学新范式的实践探索[J].上海教育科研,2016(11):84-87.

2.学习活动应注重为学生搭建脚手架

根据学生实际(学生是否具备头脑风暴的内因)和教学时空的制约,在设计解决驱动性问题的学习活动时,常提供结构化的学习任务,既让学生跳一跳能够着,又让学生的高阶思维得以发展。

以"设计制作一个汽车超载报警"项目为例,该项目是学习浙教《科学》八年级下册第1章第3节"电磁铁的应用"时的一节新课教学,在方案设计的环节,老教师不是一味地让学生头脑风暴,而是提供一个结构化的学习任务:请你将如下汽车超载报警、制动电路装置的设计图补充完整,如图5-3所示。要求:超载时,灯亮,电铃响,电动机停止工作;不超载时,电动机工作,灯不亮,电铃不响。

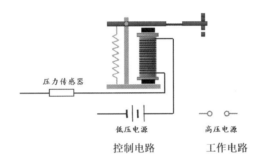

图 5-3　部分设计图

采用这种方式设置任务,主要是考虑到这个设计任务已超出学生潜在的发展水平,在课堂上学生根本无法头脑风暴。因此采用搭建脚手架的方法,让学习任务处在学生的"最近发展区",以便学生能自主补充完整设计方案。它既能让学生体验到成功的喜悦,有利于激发学生的学习动机,又便于在此基础上进一步优化方案,有利于促进学生高阶思维的发展。

第三节　科学融合教学课程的设计原则

如何进行科学融合教学课程设计?这是我们在科学融合教学实施过程中遇到的第三道坎。为了确保科学融合教学的有效实施,在认真把握好真实性、融合性和实践性三大基本特征(在本书第三章第三节已做专题阐述)的前提下,还应着重把握好如下的五大设计原则。

一、目标核心性原则

项目化学习是科学融合教学的基本学习方式,而素养目标又是一个高质量项目化学习的重要特征。因此,科学融合教学应以初中科学为核心学科,聚焦核心概念原理,以发展学生关键能力为核心指向,以发展学生科学核心素养为宗旨,以发挥 $1+1>2$ 的科学融合教学的价值,确保科学融合教学的目标宗旨不偏离,教学有实效。由此可见,发展科学核心素养既是科学融合教学的起点,又是科学融合教学的归宿,是目标核心性原则最本质的内涵。

【案例】简易面包测定仪的制作[①]

在浙教版《科学》七年级上册第 1 章第 4 节"科学测量"新课教学之后,我们开设了"简易面包测定仪的制作"的复习拓展课,教学主要围绕如下环节展开。

Ⅰ.问题驱动:为了间接了解面粉的优劣及烘焙效果,需测量面包体积。你能自制一个简易的面包测定仪吗?

Ⅱ.支架学习:激活"测量不规则物体体积的方法"等背景经验。

Ⅲ.设计制作:

①方案设计:选择合适的器材,设计一个简易的面包体积测定仪。 供选择材料:a.面包;b.废弃饮料瓶;c.量筒;d.水;e.细砂;f.油菜籽等。

②产品制作:以废弃可乐瓶、量筒、油菜籽等为材料,制作一个简易的面包体积测定仪。

Ⅳ.测试评价:用自制的体积测定仪来测量面包体积,并与现有产品对比,评估其优缺点。

Ⅴ.优化拓展:基于对自制的面包体积测定仪评估,请你提出改进该产品的具体措施。

本节课是基于学习了"不规则固体体积的测量方法与技能"后的巩固与应用,聚焦转化法的这一科学大概念,以发展学生关键能力为核心指向,如表5-6所示,进而促进学生科学核心素养的发展。

---

① 薛仕静."STEM教育+":基于科学的学科融合教学的策略研究[J].教学月刊,2019(1):15-18.

表 5-6　指向关键能力的学习目标分析

关键能力	目标细化
问题解决能力	初步学会利用不规则固体测量方法与技能及转化思想解决实际问题
	初步学会器材的合理选择、方案设计、模型建构等探究能力
批判性思维	初步培养学生分析、评价方案与产品优劣的能力
创造性和创新能力	初步培养学生利用发明创造技能(缺陷发明法)等方法来优化产品

二、动机激发性原则

学习动机是有效学习与教学中最重要的因素之一。学习动机是教育的目的,也是教育的手段,是直接推动学生进行学习活动的内部动力。

动机激发性原则即倡导教学设计应不断激发和维持学生学习动机。据"ARCS"动机设计模式,教师在教学中围绕学生的注意、针对性、自信和满意这 4 个方面来设计学习任务,就可以较好地激发学生在课堂教学中的学习动机。

【案例】看见你的声音

在开展浙教版《科学》七年级下册第 2 章第 5 节"光的反射和折射"的教学时,为了促进学生对"光反射规律"的深度理解,在这里嵌入了"设计制作一个看得见声音的简易装置"的微项目化学习活动。"问题驱动"这一环节的教学流程如下:

(1)创设真实情境:呈现"声学之父"恩斯特·克拉德尼(Ernst Florens Friedrich Chladni)将声音可视化的视频。

(2)提出驱动性问题:"声学之父"恩斯特·克拉德尼将声音可视化,声音可视化可以帮助建筑工程师设计音乐厅,你能将听到的声音变为看得见的信息吗?

"声音都是听到的,难道它还能被看见吗?"这是一个能引发认知冲突而又富有挑战性的真实问题,根据"ARCS"动机设计模式,一是由于驱动性问题具有真实性,是基于真情境提出真问题,有利于唤起感知,以激发和维持学生的"注意力";二是这个驱动性问题具有统摄性,项目的学习就围绕这个"中心问题"展开,学生的学习目的性明确,突出了学生学习的"针对性";三是这个驱动性问题具有挑战性,且根据项目化学习"以掌握为终点"的教学原则,在解决这一驱动性问题过程中,能让学生体验到成功的喜悦,促进学生产生"自信"和"满意感",进而激发了学生持续探究的学习动机。

三、任务挑战性原则

任务设置应适合、有趣且富有挑战性。美国儿童科学技术课程被国际科学家联盟列为全球最有代表性的探究性课程之一,其课程目标的第一个方面就是使科学对所有学生都是适合的、有趣的和富有挑战性的。

任务挑战性原则是指倡导科学融合教学的任务设置应富有挑战性。所谓挑战性,就是任务设计要有层次性,要基于学生的"最近发展区",让学生跳一跳能够着。如果主要的项目活动对学生来说没有挑战性,只是知识的应用,或者只是已经学会的技能的呈现,这就不是真正意义上的科学融合教学。

【案例】自制温度计——感知科学发展之"冷暖"[1]

这是浙教版《科学》八年级上册第2章第3节"大气的压强"一课之后开展的复习拓展性科学融合教学。在提出驱动性问题和学生意义建构了"世界上第一支温度计"的基本结构和原理之后,提出了如下的学习任务:

设计制作:假如你是科学家伽利略,请你利用如图5-4所示器材设计世界上第一支温度计,写出你的制作步骤。

图5-4　主要器材

教学时,学生会展示、交流所设计出的各种操作方案,其中典型的错误有:①在连接好装置后,直接将红墨水倒入玻璃管;②没有考虑到装置气密性。之后,再引导学生评价、修正、完善,形成如下合理的操作步骤:

①取一只烧瓶,在瓶口塞上一个带细玻璃管的橡胶塞,确保装置气密性完好;②用双手捂住烧瓶15秒,使瓶内空气受热膨胀,排出一部分空气;③把玻璃管插入红墨水中,烧瓶内空气受冷收缩,让水进入细玻璃管内形成水柱。

可见,要完成这个任务,学生至少要接受如下三个方面的思维挑战:①红墨水

---

①　薛仕静.STEM教育理念下的初中科学融合教学[J].福建教育,2019(14):13-15.

如何装入玻璃管中？②如何检查气密性？③如何合理操作？显然，如此一个富有挑战性的结构化学习任务既有利于学生自主学习，也有利于激发学生的学习兴趣。

四、方案设计性原则

项目化学习注重联通真实的世界，强调交流协作、设计创新、问题解决等，这与以学生发展为中心、探究真实问题、培育创造力、开展跨学科（跨领域）团队合作、关注原型迭代、具有可视化和系统观特征的设计思维高度契合。设计思维适合解决结构不良的问题（illstructured problem），可以作为审视项目化学习的适切视角之一。①

方案设计性原则即强调"方案设计"是科学融合教学设计的关键，倡导学生在真实问题引领下，通过"设计"创制作品达成学习需求，突出设计过程的自主性、探索性、开放性、协作性和迭代性，促进学生"设计思维"的提升。其本身就是一种创造性解决问题的活动。

【案例】自制简易身高体重测量仪②

该项目是基于浙教版《科学》八年级上册第4章学习之后开展的复习拓展课，本项目学习分为三个子项目：一是"自制简易身高测量仪"；二是"自制简易体重测量仪"；三是"自制简易身高体重测量仪"。本案例是项目一中设计制作方案的一个片段。

设计任务：选择合适的元件，将图5-5身高测量仪的电路原理图补充完整，使电表示数随身高增加而变大。供选择的元件：定值电阻、电流表、电压表等。

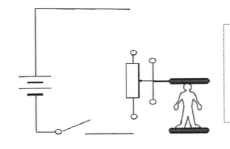

温馨提醒：

1. 接线柱可连接导线、电阻或电表，也可不接。

2. 设计的方案越多越好！

图 5-5　部分原理图

---

① 居晓波.面向设计思维的项目化学习支架[J].教育,2021(36):62-63.

② 薛仕静.自制简易身高体重测量仪[Z].浙江:省教育厅嘉兴送教百人千场,2020.

通过小组合作,学生呈现的设计方案多种多样,经过归纳总结,典型的设计方案不外乎三种,如图 5-6 所示。

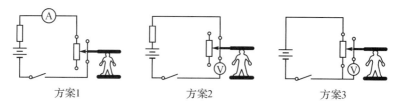

方案1   方案2   方案3

图 5-6   典型实验方案

之后,再引导学生互动评价方案的优劣,学生认为:方案 1 刻度不均匀,若无定值电阻会造成短路;方案 2 刻度不均匀,无定值电阻会造成短路;方案 3 为最佳方案,刻度均匀,操作简单。

这是一个结构化的学习任务,但它又是一个"具有明确结果的模糊任务"(即学生解决这个问题的路径是未知、复杂、多元的,且有持续改进的空间),因而它具有设计思维中的探究性、挑战性、开放性和迭代性等特征,有利于促进学生设计思维的发展。

五、学习迁移性原则

根据首要教学原理,融会贯通是指当学习者受到鼓励将新知识技能融会贯通(迁移)到日常生活中的时候,才能够促进学习。

学习迁移性原则即指科学融合教学应倡导迁移解决生活中的新问题,以促进深度学习。

【案例】人体的体温为什么会相对稳定[①]

本项目是浙教版《科学》八年级上册第 3 章第 5 节"体温恒定的控制"的科学融合教学,在创设驱动性问题"人体的体温是如何保持相对恒定的呢?"之后,其主要的教学活动如下:

活动 1:现将一杯 37 ℃ 的热水放置在 8 ℃ 的环境中一段时间。思考:①水温会发生怎样的变化?为什么?②你又有什么办法让这杯热水的温度保持相对稳定?

活动 2:人体又是如何进行产热和散热的?再将这一问题分解成:①人体在安静和活动状态下,主要的产热器官或组织各是什么?②人体是如何散热的?当外

① 薛仕静.初中科学 PBL 新课教学范式的实践探索[J].生物学教学,2018(10):20-21.

界温度低于体温时;当外界温度等于或超体温时……并基于这些问题展开探究学习。

活动3:图5-7为寒冷的冬天人体的体温调节过程模式图,请你将其补充完整,并说说人体在寒冷的冬天是如何通过神经系统的调节来保持体温的相对恒定。

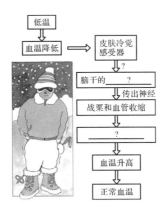

图5-7 寒冷冬天的体温调节

活动4:利用所学知识解释。

①在炎热的夏天,如图5-8所示,人体是如何通过神经系统调节来保持体温的相对恒定呢?

图5-8 炎热夏天的体温调节

②在高温环境下,人为什么会中暑?

教学中,活动1的目的是通过模拟实验,激活学生原有的"散热途径"(直接散热、蒸发散热)和"保持水温不变的方法"(产热和散热相对平衡)等知识经验,并让学生迁移解决活动2的问题,即自主建构"人体又是如何进行产热和散热的""人体为什么会保持体温恒定"等核心知识。在此基础上,再要求学生迁移解决活动3的问题(驱动性问题),让学生初步建构"体温调节的过程模型";最后又利用这个

"体温调节的过程模型"来迁移解决活动4中的问题(新的真实问题)。

科学融合教学最终是要学生实现知识的再建构。知识的再建构最重要的表现是能够在新的情境中迁移、运用、转换,产生新知识,并且要在行动中做出来,运用周围的各种知识和资源来解决实际问题。[①] 可见,"迁移"是经验的扩展与提升,是将惰性知识变为活性知识的过程。只有当学生在新的情境中能够运用以往的经验再建构出知识时,才能促进迁移的发生。

---

① 夏雪梅.项目化学习设计:学习素养下的国际与本土实践[M].北京:教育科学出版社,2018.

第 六 章

科学融合教学的范式

STEM 教育源于美国，"橘生淮南则为橘,生于淮北则为枳"。如何让 STEM 教育理念在科学融合教学中落地生根,也即如何让科学融合教学有效实施,是一个无法回避的问题。实践中,科学融合教学汲取 STEM 教学模式、项目化学习等当代教育理论,研发了以"问题驱动、支架学习、问题解决"为基本特征的两种典型教学范式及其实践应用案例。

第一节 科学融合教学范式的建构

一、教学范式的理论基础

如图 6-1 所示,科学融合教学范式主要是以美国康涅狄格科学中心提供的"以工程问题解决为主线的 STEM 教学模式"为基础,一是汲取项目化学习的核心特征(驱动性问题),变"问题引入"为"问题驱动";二是汲取建构主义学习支架理论,变"背景经验学习"为"支架学习";三是丰富研究问题的外延,变"工程问题解决"为"问题解决";四是汲取工程设计和探究学习等理论精髓,再分别将"问题解决"整合、细化为"假设设计、检验评价、优化拓展"和"设计制作、测试评价、优化拓展",形成了以"问题驱动、支架学习、问题解决"为基本特征的两种教学范式。

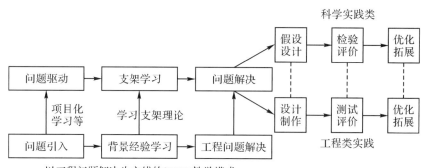

图 6-1 科学融合教学范式及其理论基础

科学融合教学范式是对 STEM 教学模式的继承与发展,其表述更准确到位,也便于实践中操作。

如"问题引入"中的"问题"是指什么问题,它有怎样的特点,它的目的是什么的阐述模糊不清;而"问题驱动"中的"问题",它的特点和目的则准确且清晰。顾名思义,"问题驱动"是指用一个"问题"驱动某教学内容的学习,那么这个"问题"就不是一般意义的问题,而是一个集真实性、趣味性、统摄性、探究性、挑战性等特征于一身,能驱动学生持续探究的驱动性问题。

同样地，"背景经验学习"表述常会让人产生"科学融合教学都必须开展背景经验学习"的认识误区。而"支架学习"是指在学生的"最近发展区"，为解决驱动性问题而开展必要的背景经验学习。它并非一味地提供相关的背景经验学习，而是根据学生实际，在学生的"最近发展区"提供必要的学习支架，且支架学习往往贯穿教学始终。因此，改用"支架学习"有利于人们对"背景经验学习"认识误区的纠偏。

简而言之，科学融合教学范式即指围绕驱动性问题展开持续性的探索，并最终解决驱动性问题的过程。

二、两种教学范式比较

比较科学实践类教学范式和工程实践类教学范式，它们的区别如表 6-1 所示。

表 6-1　两种教学范式比较

比较项目	科学实践类	工程实践类
基本特征	问题驱动、支架学习、问题解决	
教学方法	项目化学习	
驱动性问题	明确的结果和模糊的任务（问题指向是明确的，解决问题的路径与方法是不确定、多元的）	
	通常是科学问题，需要识别构建科学解释的制约因素和标准	通常是工程问题，需要识别产品原型或模型的设计与制作所有的制约因素和标准
支架学习	不涉及工程方面的背景经验学习	一般涉及工程方面的背景经验学习
问题解决策略	假设设计、检验评价、优化拓展	设计制作、测试评价、优化拓展
应用条件	适用于科学实践类科学融合教学	适用于工程实践类科学融合教学
	可在新课教学和复习拓展课中应用，其主要区别在于前者旨在意义建构新知，后者旨在激活原认知	
	可在小融合、中融合和大融合中应用，其主要区别在于各要素学习内容容量及学习时长的差异	

三、教学范式的应用策略

发展科学核心素养是科学融合教学的宗旨，科学融合教学范式分为五个要素，汲取首要教学原理、ARCS 动机设计模式和 UbD 等当代教育理论，提炼出每一个要素在课堂实践中的应用策略，以促使每一要素（或称阶段）的教学都有效达成相应的素养目标，如表 6-2 所示。

表 6-2　教学范式的应用策略、素养目标和理论依据

要素	应用策略	素养目标	理论依据
Ⅰ.问题驱动	驱动性问题应突出驱动性特征,具体应具有真实性、统摄性、挑战性等特征	激发学生的学习动机,提出科学(工程)问题	首要教学原理(以问题为中心);ARCS(注意);UbD(明确教学目标、激发学习意愿)
Ⅱ.支架学习	(1)激活原认知 (2)意义建构新知识	发展学生的科学推理、科学论证、合作与沟通、探究等关键能力	首要教学原理(激活原认知);ARCS(针对性)
Ⅲ.假设设计(或设计制作)	倡导设计的探究性和迭代性	合作与沟通、科学推理、科学(工程)模型建构	首要教学原理(尝试应用);ARCS(针对性)
Ⅳ.检验评价(或测试评价)	倡导实证性和理性思维	发展学生的合作与沟通、科学论证、批判性思维等能力	UbD(展评学习所得和反思学习过程)
Ⅴ.优化拓展	注重融入科学史,注重与原型比较	激发学生的学习动机,发展学生的创造与创新能力	首要教学原理(融会贯通等);ARCS(满意感)

四、教学范式的应用原则

为了确保科学融合教学范式有效实施,在实践中我们总结了"一变""二不变""三灵活""四协调"的应用原则。

(一)"一变"原则

"一变"原则:是指变学习方式,主要是指输入项目化学习方式。变碎片化学习为整体性学习,变浅层次学习为深度学习,变教为中心为学习中心,这是科学融合教学的目标宗旨。因此,在教学中应突出学生支架学习,问题解决(尤其是方案设计)的自主性、探究性。

(二)"二不变"原则

"二不变"原则:一是指依据课程标准不变;二是融合前后的教学课时数基本保持不变。为此,在科学融合教学中,我们要从学生实际出发,聚焦科学核心素养发展来合理使用教材。可采用的策略:

1.处理好课内与课外之间的关系

即指要注重课前预学和课后延伸,处理好课前、课中和课后的关系,以拓展学

生学习的活动空间。这一点已在第四章第二节中有过阐述,这里再结合"浙教版《科学》八年级上册第3章第5节'体温的控制'的新课教学"加以说明,在该节教学时,我们将科学教材第114页中"测量自己体温的活动"调整为"测量一个家庭主要成员体温的活动",并且将这个活动拓展至课前。这样处理确保了学生有充足的时间开展基于驱动性问题的持续探究学习。

2.聚焦大概念对教材进行合理统整

即指聚焦教材中核心概念原理开展科学融合教学,而对其他细枝末节的教学内容进行淡化处理,适当压缩教学课时数。如聚焦凸透镜成像规律的核心概念原理开展"简易 logo 投影灯制作"的科学融合教学,而对其他碎片化知识则采用"淡化"处理。如利用"刻度尺和量筒都具有量程、刻度,一大格(或一小格)是多少"等共同特点来迁移学习温度计和天平的使用等。

3.统筹安排科学融合教学

一是精选适合科学融合教学的主题;二是注重科学融合教学形式灵活,范式要素灵活,对章节科学融合教学进行合理的布局等。如选择项目①"制作简易的导电测试笔"、项目②"制作简易身高体重测量仪"或项目③"自制简易的密度计"等学习主题开展科学融合教学;而又根据实际,项目①在新课教学中开展,项目②和项目③则更多在复习拓展课中应用;关于"范式要素灵活,对章节科学融合教学进行合理的布局"等观点在下文"三灵活"原则中加以说明。

(三)"三灵活"原则

"三灵活"原则:是指在教学适切的前提下,提倡教学应具有更多的灵活性,以确保教学不机械僵化,有更多操作空间。

1.融合形式灵活

根据教学内容和学生实际,采用合适的融合形式,如在本书第四章第二节【案例】"弹簧秤的制作与应用"的单元统整中,采用了大融合、中融合和小融合的组合;在本书第六章第二节【范例3】"空气中二氧化碳和氧气含量为什么会保持相对稳定"的单元统整教学中,则采用了大融合和中融合的组合,而在本书第六章第三节【范例3】"搭建家庭迷你温室大棚"的单元复习拓展课中,并没有嵌入中融合和小融合。

2.范式要素灵活

范式要素灵活:一是指并非所有项目的教学都具备五个要素,二是指并非所有项目的教学都按照范式要素的线性顺序展开,如"支架学习"往往可后置,也常常贯穿在解决问题过程的始终。例如在"搭建简易篝火"一课教学中,可先要求学生"设计制作",当学生在搭建篝火失败引发认知冲突时,再进行"支架学习",同时在探究燃烧的条件(支架学习)时,也需要为学生搭建支架,以帮助学生意义建构知识。

3.教学评价灵活

教学评价既有过程性评价,也有终结性评价;既有对知识掌握情况的评价,也有对产品制作的评价。教学中不应机械使用评价类型、形式与方法,应根据教学设计进行合理取舍。以"制作简易的导电测试笔"为例,其教学评价是多元的(具体见本书第七章第三节中的表 7-5—表 7-7)。

(四)"四协调"原则

"四协调"原则:是指应保持教学中各主要方面的动态平衡,避免实施过程形式化、极端化。

1.要协调好教育中快与慢的关系

教学中的"慢"体现在善于放手、善于等待和全员体验,倡导静待花开,但绝不放任自流,如在方案设计时要为学生提供充足的自主思考时间和空间。

2.要协调好过程体验与知识结果之间的关系

它是指既要协调好体验挫折与成功之间的关系,又要协调好双基与创新的关系。

3.要处理好课内与课外之间的关系

除了上文倡导的课内学习和课外学习相结合,还倡导课内主要培养学生的高阶思维,课外主要发展学生的低阶思维。如一些简单的学科知识尽可能通过导学案引导学生自学,而课堂上应将更多时间用来发展学生的高阶思维。

4.要协调好教学中主与次的关系

一是要处理好核心学科与其他学科的关系,即指聚焦科学学科内的融合和科学融合工程的教学;二是要处理好核心素养和其他素养之间的关系,既要突出科学核心素养的发展,也要兼顾学生工程等素养的发展。

第二节　科学实践类教学范式的实践

一、范式内涵

主要是汲取了 STEM 教育、项目化学习、建构主义学习支架理论以及科学实践中关于"科学探究过程七要素"的理论精髓,我们开发了包含五个要素的科学实践类教学范式,如图 6-2 所示。

在开展科学实践类教学时,教师要创设真实世界的复杂情境,提出驱动性问题,并围绕驱动性问题开展假设设计(建立假设、设计方案)、检验评价(实践检验、交流评价)和优化拓展(优化科学模型、拓展应用)等持续性探究,以构建基于驱动性问题的科学解释。

该范式适用于科学实践类科学融合教学,可应用于新课教学或复习拓展课,小融合、中融合或大融合。

图 6-2　科学实践类教学范式

二、范式解读

科学实践类教学范式包括问题驱动、支架学习、假设设计、检验评价、优化拓展五个要素,每一个要素都有其特定的内涵。

Ⅰ.问题驱动

问题驱动是指用一个驱动性问题驱动学生对某学习内容的持续探究,它一般包括两部分,首先是创设一个真实世界的复杂情境,回答的是"为什么要完成任务"的问题,旨在体现驱动性问题的现实意义和生活价值;二是基于情境提出驱动性问题,回答的是"为什么要开展支架学习"的问题,旨在体现激活旧知,学习新知的价值和意义。

其中创设驱动性问题是关键。什么是驱动性问题呢?驱动性问题就是指一个能驱动学生学习,源于真实世界的复杂问题,它既指向核心知识的学习,又指向学生高阶思维的发展。它是一个牵一发而动全身的任务,是一颗思维的萌发种子,它包含着课程的整体意义,具备统整本课程学习的良好内核,能引发学生学习注意,激发学生的学习动机。

通常这类驱动性问题是科学问题,需要识别构建科学解释的制约因素和标准;它具有一个最显著的特征就是明确的结果和模糊的任务。

Ⅱ.支架学习

支架学习是指为解决驱动性问题,在学生的"最近发展区",开展相关背景经验的学习。

由于在科学融合教学中,驱动性问题是源自真实世界的复杂情境,是一个具有真实性、趣味性、挑战性等特征的核心问题。为降低问题的复杂性,整理解决问题脉络,常借助支架来为学生解决问题指引方向,促进学生进行主动而持续的探索。在科学融合教学的支架学习中常采用以下支架:①动机支架:寻找真实而富有挑战性的驱动性问题,让学生产生代入感,能全身心地投入解决问题。②同伴支架:教师根据学生的不同特点和能力进行异质分组,主要采用小组合作学习,每组合作完成任务。③思维支架:在教学过程中,由于任务是有一定难度,所以教师可提供逻辑清晰问题链、流程图和评价量表等支架将抽象的科学知识与真实情境关联,聚焦核心问题,突破重难点。④元认知支架:在教学过程中,教师始终引导学生关注合作交流,关注工程设计,关注评价量表,让学生主动探究、总结反思,变学习的被动者为主动者。

在科学实践类教学中,其支架学习一般没有有关工程方面的背景经验的学习。

Ⅲ.假设设计

假设设计是指对来自真实世界的复杂问题建立假设,并基于假设设计探究的方案的过程,一般包含假设和设计两个教学环节,其侧重发展学生科学素养。

Ⅳ.检验评价

检验评价是指对所做的假设是否成立加以证实,并依据事实证据对推理的过程和结论的合理性进行辩论,一般包含检验和评价两个教学环节。

Ⅴ.优化拓展

优化拓展一般包含优化和拓展两个教学环节,其中优化是指基于测试评价对项目化学习成果,如科学模型,进行不断修正、完善的过程;拓展有两层含义,一是指拓展应用所学的知识技能解决同类的实际问题;二是指从一个项目的学习拓展到相似或相关的另一个项目的学习。

三、范式应用

科学实践类教学范式可在小融合、中融合和大融合中应用,它们既有共性,也有差异性。

【范例1】科学实践类——小融合:烧蔬菜时应先放盐,还是后放盐?为什么?

本项目是基于浙教版《科学》八年级下册第4章第3节"植物的根和物质吸收"一课,在学习了根毛细胞吸水和失水原理时,嵌入一个微项目化学习活动。其学习成果是一个研究报告。具体的学习目标如下。

> 【科学】1.学会综合运用"影响溶液质量分数的相关因素以及植物根毛细胞吸水和失水原理"等知识解决实际问题。
>
> 2.培养学生解决实际问题、合作与沟通和批判性思维等关键能力。
>
> 【技术】在实践中理解炒菜技能,并初步学会炒菜技能。
>
> 【数学】会根据溶剂的变化进行溶液质量分数简单的计算。
>
> 【写作】用科学、严谨、具有逻辑关系的文字来诠释自然现象。

根据学习目标,其教学流程如下:

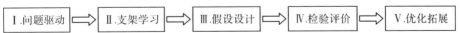

Ⅰ.问题驱动 ⟹ Ⅱ.支架学习 ⟹ Ⅲ.假设设计 ⟹ Ⅳ.检验评价 ⟹ Ⅴ.优化拓展

课前先提出如下的驱动性问题,突出"以问题为中心",突出学生学习的有意"注意",以激发学生的学习内驱力,同时又渗透人文教育。

Ⅰ.问题驱动

《尚书》称:"若作和羹,尔惟盐梅。"五味之中,咸为首,所以盐在调味品中列为第一,不同的食材放入盐的时间是不同的。烧蔬菜时应先放盐,还是后放盐?为什么?

先要求学生在课前开展如下的科学实践。

【探究】烧蔬菜时应先放盐,还是后放盐?

建立假设:＿＿＿＿＿＿＿＿＿＿＿＿＿＿＿＿＿＿＿＿＿＿。

设计方案:＿＿＿＿＿＿＿＿＿＿＿＿＿＿＿＿＿＿＿＿＿＿

＿＿＿＿＿＿＿＿＿＿＿＿＿＿＿＿＿＿＿＿＿＿＿＿＿＿。

获取事实与证据:根据实验方案进行烧菜,记录蔬菜的色、味、形。

得出结论:＿＿＿＿＿＿＿＿＿＿＿＿＿＿＿＿＿＿＿＿＿＿。

本环节主要通过创设构建科学解释的模型的问题情境,以激发学生的学习动机,培养学生提出科学问题的能力。

Ⅱ.支架学习

活动1:植物失水实验

本环节主要是通过实验让学生体验学习解决驱动性问题的背景经验,为构建科学解释的模型奠定基础。

Ⅲ.假设设计

活动2:请根据科学实践中观察和所学知识综合分析可能的原因。

活动3:请你设计检验假设的方案。

该问题解决的路径是不确定的、开放的,具有一定的挑战性,这是一个既动手又动脑的科学实践活动,因此要给学生充足的思考与讨论时间,让学生自主探索、主动地构建科学模型,然后再要求学生寻找证据证实自己的假设,并基于证据进行辩论,以促进学生合作与沟通、科学推理、模型构建、批判性思维等关键能力的发展。

Ⅳ.检验评价

活动4:根据设计的方案进行实验、获取证据,以支持你的假设。

活动5:展示交流你的检验方案和结果,并用SOLO分类评价表进行评价。评价标准,如表6-3所示。

表6-3　SOLO分类评价表

评分等级	学生答题表现示例	答题水平
0	①空白或3个要点全部答错	前结构
1	答出1个要点:先放盐,盐溶于水,会引起蔬菜细胞失水比较严重	单点结构

续　表

评分等级	学生答题表现示例	答题水平
2	答出 2 个要点:先放盐,盐溶于水,炒的过程中,随着水分蒸发,盐溶液浓度提高,结果是蔬菜的脱水现象比较严重	多点结构
3	答出 3 个要点:先放盐,炒菜的过程中,随着水分蒸发,盐溶液浓度提高,当盐溶液的浓度远远大于细胞液的浓度时,结果蔬菜的脱水现象比较严重,蔬菜看着不水灵,吃着干巴巴的	关联结构

此时教师让学生充分展示、交流成果,学生会呈现各种不同层次的解释;而运用 SOLO 分类的方法评价学生自己所构建的科学模型,既能促进学生对核心概念的深度学习,又能让不同层次的学生都获成功,收获"满意感",激发学生学习的动机,发展学生合作与沟通、科学论证、批判性思维能力。

Ⅴ.优化拓展

活动 6:基于评价修正并完善你的认知模型。

活动 7:拓展解释"饺子要配醋,但没有说和馅儿的时候,就把醋直接倒进去,而是吃的时候再蘸"。

本环节有两个特点:一是通过"尝试应用",促进知识学习的"融会贯通";二是通过优化科学模型,充分激活了学生创造与创新动机和潜能。

【范例 2】科学实践类——中融合:纸币为什么老抓不住[①]

本项目是用中型项目化学习活动驱动浙教版《科学》八年级上册第 3 章第 3 节"神经调节"第 1 课时的新课学习。其学习成果是分析报告。具体的学习目标如下。

【科学】1.学会建构"神经调节的基本过程"模型,并迁移应用解决实际问题。

　　2.培养学生科学探究和建模等解决实际问题的能力、批判性思维以及创造和创新等关键能力。

【技术】1.会利用刻度尺测量人反应的距离和纸币长度。

　　2.初步学会提高人对外界刺激做出快速反应的训练技术。

【数学】在应用刻度尺测量长度时,会准确读数。

【写作】用科学、严谨、具有逻辑关系的文字来诠释生活现象。

---

① 薛仕静.基于核心素养的教学设计——以"神经调节"一节为例[J].中学生物教学,2018(8):36-38.

根据学习目标,教学流程如下:

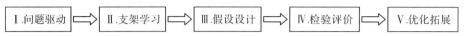

Ⅰ.问题驱动 ⟹ Ⅱ.支架学习 ⟹ Ⅲ.假设设计 ⟹ Ⅳ.检验评价 ⟹ Ⅴ.优化拓展

Ⅰ.问题驱动

首先创设模拟街头"抓纸币"骗术的游戏活动,如图6-3所示,要求你张开拇指和食指(一定距离),按指令要求去做(包括计算数学题、背古诗等),你若能抓住这张纸币,这张纸币就是你的。

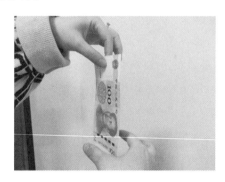

图6-3 抓纸币

学生纷纷上台参与游戏活动,却都"意外"失手,此时学生都急切想探个究竟,于是提出如下的驱动性问题:

按游戏指令去操作,为什么你老抓不住? 请你用人体反应机制详细解释其中的奥妙。

本环节通过创设真实的问题情境,以激发学生的学习动机,培养学生提出科学问题的能力。教学时,学生根据原认知,先建立初步假设:可能是反应太慢了;可能是念古诗或算数学题会影响反应。为了检验假设是否成立,教师再引导学生进行如下的探究。

Ⅱ.支架学习(进行教材的直尺实验探究)

活动1:比较不同人反应快慢的实验探究。

活动2:比较人在不同条件下反应快慢的实验探究。

本环节教学既引发了学生的有意"注意",又让学生明确了"为何探究",即让学生明白本探究是为了建构科学解释的模型奠定基础,突出了学习的"针对性",充分激发了学生的学习动机。

探究结束后,学生再进行下一环节的学习。

Ⅲ.假设设计

活动 3:请根据实验获得的结论和所学知识,用人体反应机制详细解释无法抓住纸币的原因。

学生纷纷提出自己的解释,建构科学模型,以促进学生合作与沟通、科学推理、模型构建等关键能力的发展。

活动 4:请你设计检验假设的方案。

Ⅳ.检验评价

活动 5:根据上述的设计方案,检验你的假设是否成立。

活动 6:展示交流你的检验方案和结果,并用如表 6-4 所示的 SOLO 分类评价表进行评价。

表 6-4　SOLO 分类评价表

评分等级	学生答题表现示例	答题水平
0	空白或 3 个要点全部答错	前结构
1	答出 1 个要点:一般人的反应距离都大于 15.6 cm 而纸币的长度为 15.6 cm,所以抓不住	单点结构
2	答出 2 个要点:一般人的反应距离都大于 15.6 cm;纸币的长度为 15.6 cm;江湖骗子通常要求拇指和食指张开的宽度要大,夹的位置要处在纸币当中,前者引起反应时间变大,后者导致纸币用于反应的实际距离变小,所以抓不住	多点结构
3	答出 3 个要点:一般人的反应距离都大于 15.6 cm,而纸币的长度为 15.6 cm;江湖骗子通常要求拇指和食指张开的宽度要大,夹的位置要处在纸币当中,前者引起反应时间变大,后者导致纸币用于反应的实际距离变小,所以抓不住;当大脑在间隔不到 300 毫秒的时间里同时处理两件事情时,大脑对于第二件事情的反应就要慢一些,因此有外界干扰刺激,人的反应时间变慢	关联结构

本环节通过科学模型的应用和评价,既能促进学生对概念的深度学习,又能让不同层次的学生都获成功,收获"满意感",以激发学生学习的动机,发展学生合作与沟通、科学论证、批判性思维能力。

Ⅴ.优化拓展

活动 7:基于评价,优化你的解释。

活动 8:拓展利用实验的结论解释"学习时听音乐、玩手机""开车时打电话"等一心两用的危害。

这是一个修正、完善学生科学模型的过程,既促进了学生对核心概念的深度理解,又促进了学生创造与创新能力的发展;同时通过拓展应用,促进了学生对知识理解达到融会贯通的境界,养成健康生活与工作的良好习惯。

本节中融合教学还有一个特点:以大概念教学作为深度学习的真实起点,即以"生物与环境相适应"的大概念来统整教学,有利于促进学生关键能力的形成和深度学习的发生。

【范例3】科学实践类——大融合:空气中二氧化碳和氧气含量为什么会保持相对稳定

该项目是在浙教版《科学》八年级下册第3章"空气与生命"单元学习时,以"空气中的氧气、二氧化碳的含量为什么会保持基本不变?"这一重大社会议题为项目学习大任务,驱动本单元内容的新课学习,如图6-4所示,该项目学习的成果是一个调查研究报告。

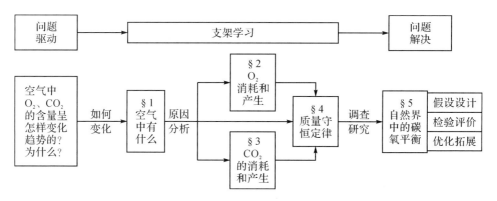

图6-4　范例3单元融合教学框架

本单元统整学习后内容变化比较大的有第2节、第3节和第5节。其中第2节主要包括①原教材中的"氧化和燃烧"、②"生物呼吸和呼吸作用"中关于呼吸需要消耗"氧气和产生二氧化碳"的常识、③"光合作用"中原材料与产物的研究和④氧气制取和性质研究;同时融入"搭建简易篝火"中型项目化学习任务驱动"氧化和燃烧"内容的学习,用"设计和制作家庭制氧机"中型项目化学习任务进行对氧气制取等内容的复习拓展。第3节是在基于第2节①②③中关于"二氧化碳消耗与产生"的基础上,主要介绍原教材中的第4节"二氧化碳"中"性质、制取和应用"等背景经验,同时融入"碳酸饮料为什么能灭火"或"制取简易灭火器"中型项目学习任务开展新课教学或复习拓展。第4节基本不变,最后假设设计、检验评价和优化拓展环节的学习,如调查研究报告的分享交流、互动评价等主要集中第 5 节的学习。各节的教学内容与项目化学习活动如表 6-5 所示。

表 6-5　范例 3 单元教学内容安排

单元项目化学习活动	章节编排	单节项目化学习活动
解释空气中氧气、二氧化碳的含量为什么会保持相对稳定原理	第 1 节　空气中有什么	—
	第 2 节　氧气的消耗与产生	①搭建简易篝火(中融合) ②设计和制作家庭制氧机(中融合)
	第 3 节　二氧化碳的消耗与产生	碳酸饮料为什么能灭火(中融合)
	第 4 节　质量守恒定律	—
	第 5 节　自然界的碳氧平衡	—

整个项目经历了"创设建构科学解释的模型的问题情境、为构建科学模型进行背景经验的学习、创设科学模型、应用和评价科学模型以及完善科学模型"等模型构建的过程,这种融合科学、技术多学科的单元融合学习与原教学相比,实现了单元学习目标的增值,变碎片化的学习为整体性的学习,变浅层次的学习为深度学习,促进了学生协作交流、模型构建、批判性思维、创造和创新等核心素养的发展。

第三节　工程实践类教学范式的实践

一、范式内涵

主要是汲取了 STEM 教育、项目化学习、建构主义学习支架理论以及工程实践中的关于工程设计七个步骤的理论精髓,我们开发了以下包含五个要素的工程实践类教学范式,如图 6-5 所示。

在开展工程实践类教学时,教师要创设真实世界的复杂情境,提出驱动性问题,并围绕驱动性问题开展设计制作(设计产品模型或原型方案,动手制作产品模型或原型)、测试评价(测试产品模型或原型性能、评价产品模型或原型优劣)和优化拓展(优化产品模型或原型、拓展应用)等持续性探究,以构建基于驱动性问题解决的产品模型或原型。

图 6-5　工程实践类教学范式

该范式适用于工程实践类科学融合教学,可应用于新课教学或复习拓展课,小融合、中融合或大融合。

二、范式解读

工程实践类教学范式包括问题驱动、支架学习、设计制作、测试评价、优化拓展五个要素,每个要素都有其特定的内涵。

Ⅰ.问题驱动

问题驱动的内涵与科学实践类教学范式大同小异。工程实践类教学在"问题驱动"这部分教学时,提出驱动性问题隶属于工程问题,这里除了定义设计目标,团队往往还需要识别所有的制约因素和标准。制约因素就是限制因素,如时间和资源。标准就是期望最后成品所具备的特征,如视觉美观和节能高效[1]。这里驱动性问题的一个显著特征就是"明确的结果和模糊的任务",其中"明确的结果"是指产品模型和原型的制作有最终、明确的要求或目标,模糊的任务是指完成产品设计与制作的路径、方法是不确定、多元的,具有真实性、统摄性、挑战性等特点。

Ⅱ.支架学习

工程实践类教学的支架学习内涵与科学实践类教学范式最大区别就在于前者支架学习可能含有工程方面背景经验的学习,后者一般没有。另外,工程实践类教学的支架学习也可能需要更多形式的支架,如动机支架、同伴支架、思维支架、元认

---

① 赵中建.基于项目的 STEM 学习[M].上海:上海科技教育出版社,2016.

知支架,来帮助学生开展自主地设计工程方案和完成工程任务。

Ⅲ.设计制作

设计制作是指基于工程问题设计工程解决方案,并根据合适的方案制作产品模型或原型的过程,一般有设计和制作两个教学环节。两种范式的设计要素都具有"探究性""多元性"和"迭代性"等特点,其侧重发展学生的工程素养。

Ⅳ.测试评价

测试评价是指对所制作的产品模型或原型的性能进行测评,并依据测评中所获得的证据进行辩论,对物化成果的优劣做出客观、理性的判断,一般有测试和评价两个教学环节。

Ⅴ.优化拓展

优化拓展一般包括优化和拓展两个环节,其中优化是指基于测试评价对项目化学习成果,如工程模型进行不断修正、完善的过程,同时也是优化学生认知模型的过程;拓展有两层含义,一是指拓展应用所学的知识技能解决同类的实际问题;二是指从一个项目学习拓展到相似或相关的另一个项目的学习。

三、范式应用

工程实践类教学范式可在小融合、中融合和大融合中应用,它们既有共性,也有差异性。

【范例1】工程实践类——小融合:看见你的声音

本项目是基于浙教版《科学》七年级下册第2章第5节"光的反射和折射"一课,在学习光反射规律时,先要求学生设计制作一个"看得见声音的简易装置"(微项目化学习活动),其学习成果是一个工程模型,确定了如下融入工程素养等内容的学习目标。

【科学】1.知道声音是由于物体的振动产生。 　　　　2.理解光在同一种均匀介质中沿直线传播。 　　　　3.理解光的反射规律。 　　　　4.学会运用建模方法来进行科学解释。 　　　　5.学会运用所学知识和放大法解决问题,培养学生解决问题等关键能力。 【技术】学会对该简易装置的组合和拼装技术。 【工程】设计看见你声音的简易装置的制作图纸,并根据图纸制作简易装置。 【数学】利用画等角的数学方法画出反射光线。

　　根据教学实际,教师灵活使用范式各要素教学,如本节的小融合教学就主要侧重"产品方案的设计",而将"制作、测试评价、优化拓展"等要素的教学延伸至课后实施。也即按如下环节展开教学:

Ⅰ.问题驱动

　　"声学之父"恩斯特·克拉德尼将声音可视化,声音可视化可以帮助建筑工程师设计音乐厅,请你设计一个产品,将听到的声音转变为可以看得见的信息。

　　本环节通过创设构建模型的问题情境,如提出"声音都是听到的,难道它还能被看见吗?"这样富有挑战性的真实问题,有利于引发学生的有意"注意",以激发学生的学习动机,培养学生提出工程问题的能力。

Ⅱ.支架学习

　　为此,再引导学生做教材中的实验。

　　活动1:光的反射实验。

　　本环节主要是通过学习解决问题的背景经验,为构建工程模型奠定基础。

Ⅲ.设计制作

　　活动2:请利用现有工具设计一个能让声音看见的简易装置,并画出你的设计图。

　　可供选择的器材:空易拉罐、塑料薄膜、碗、盐、气球、剪刀、激光笔、橡皮筋、小镜子、胶水等。

　　基于学生发展水平,此处提供了一个结构化,但又有一定探究性和开放性的"设计"任务,它有利于学生的自主探究。因此,教学时务必要让学生充分地思考与讨论。在学生呈现如图6-6所示的设计方案之后,再组织学生讨论:哪一个方案更合适? 请选择一个最佳方案。

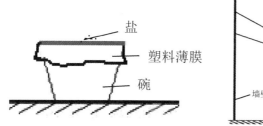
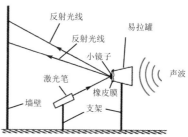

图6-6　学生设计图

　　学生在设计和评价方案的过程中,教师要敢于"放手",善于"等待",以暴露学生真实的认知和思维过程(体现"真实性"),经历真实的工程模型创设过程(体现"实践性"),以促进学生合作与沟通、科学推理、模型构建、批判性思维等关键能力的发展。

总之,小融合教学范式和中融合、大融合的教学大同小异,主要差异表现在学习项目的大小、学习的容量和时长的大小。在小融合教学时,根据教学实际,部分要素的学习常常前置或后置。

【范例 2】工程实践类——中融合:制作简易的导电测试笔

本项目是以"制作简易的导电测试笔"(中型项目化学习活动)驱动浙教版《科学》八年级上册第 4 章第 3 节"物质的导电性和电阻"第 1 课时的学习,学习目标如下。

【科学】1.能设计简单的实验方案探究物质的导电能力。
2.知道导体和绝缘体。
3.理解导电测试笔的工作原理。
4.初步学会利用转化、放大等方法建构模型,并对模型进行理性评价,初步学会运用缺陷发明法、迭代思维等方法来设计、制作产品,培养学生的创造和创新能力。
【技术】1.能根据测试原理绘制相应的电路图。
2.会连接电路的基本技巧和科学连接电路元件。
3.能使用自制导电测试笔检测物质的导电性,体验将微小电流放大的技术。
【工程】1.理解"结构与功能"的共通概念。
2.会利用所提供的器材设计、制作、改进简易的导电测试笔。
【数学】能够准确地对测试的数据进行处理分析。

本项目聚焦"转化法"和"结构与功能"等大概念开展融合教学,注重培养学生的关键能力。

根据学习目标,其教学流程如下:

Ⅰ.问题驱动

首先创设一个真实情境:出示一种导电测试笔,判断铁片和塑料的导电性。这是感知模型的过程。在此基础上,再提出驱动性问题:你能设计、制作一支携带方便、测试灵敏、简易的导电测试笔吗?

本环节通过创设构建模型的问题情境,以激发学生的学习动机,培养学生提出工程问题的能力。

Ⅱ.支架学习

本环节先激活"电路和电路图"等原认知(激活认知模型),然后再开展感知、创设导电测试笔模型的活动:

活动1:导电测试笔能直接用来测试物质的导电性,请你推测其工作原理,画出测电笔的电路图。(感知导电测试笔模型)

活动2:动手实验:根据设计的电路图,将实验器材依次连接,测试铜丝、铅笔芯、粉笔和食盐水的导电性。(初步创设导电测试笔模型)

支架学习环节是通过感知导电测试笔模型和初步创设导电测试笔模型的两个活动为活动3创设工程模型奠定基础。教学中应给学生充分思考与讨论的时间,让学生自主设计电路图,学生设计的电路图各种各样,其中有的没有开关,有的只连接电流表,有的只连接小灯泡……这就充分暴露了学生的原认知,促进了学生对基本电路的深度理解。

同时,在学生用自制的简易装置判断食盐水能否导电时,却出现了小灯泡不亮的现象,"难道食盐水不导电?"此时教师继续追问:你有什么方法改进你的装置,以证实你的观点?当学生想到用二极管或电子表替代小灯泡,并通过实验证实"食盐水能导电"时,不仅促进了学生对导体和绝缘体的理解,而且激发了学生创新的激情和潜能,发展了学生科学实证和创造与创新能力。

Ⅲ.设计制作

活动3:现在给你一根笔杆子,请你设计、制作简易的导电测试笔。(创设工程模型)

本环节是一个工程模型创设的过程,也是进一步优化活动2中的导电测试笔初步模型的过程。此时,学生面临一个最大挑战就是如何选择器材,如何将干电池、小灯泡、开关组装在笔杆上。这里就需要发挥学生的想象力和创造力,当学生想到运用纽扣电池等小元件替代时,学生创新的激情再一次被激发,创新的潜能再一次被激活,有利于促进了学生合作与沟通、科学推理、模型构建、批判性思维以及创造和创新能力的发展。

Ⅳ.测试评价

活动4:利用自制的简易导电测试笔测试硬币、玻璃、木头、人体的导电性,再展示测试结果,并基于测试所获的证据,利用师生共同制定的评价量表(该量表以及本项目学习的其他量表见本书第七章第三节表7-5—表7-7)进行评价交流。(应用和评价导电测试笔模型)

这既是应用和评价导电测试笔模型的过程,也是评价认知模型的过程。学生评价导电测试笔模型的过程,就是知识迁移应用的过程,突出了"尝试应用"与"融会贯通",既促进了学生对概念的深度理解,又促进了学生合作与沟通、科学论证、批判性思维能力的发展。

当学生再利用改进后的导电测试笔去判断人体能否导电时,再一次陷入"认知冲突"之中。

Ⅴ.优化拓展

人体究竟是不是导体?你有什么办法改进你的导电测试笔,以证实你的观点?

活动5:出示导电球,如图6-7所示,让全班同学依次手拉手和导电球连成一个回路,判断人体究竟是不是导体。(完善工程模型)

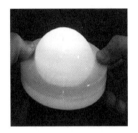

图6-7　导电球

"亮了""导电球亮了"学生们惊讶地尖叫起来。"导电球为什么具有这么强大的功能?""你能设计、制作一个导电球模型吗?"……

这又是一次优化导电测试笔模型(完善工程模型)的过程,也是优化认知模型的过程,学生的这种体验必将影响他们一辈子,充分激活了学生创造和创新动机和潜能。

活动6:对导电测试笔进行迭代升级,完成"导电球"的初步设计。(完善工程模型)

最后通过这个拓展活动,进一步发展了学生的批判性思维、创造和创新等关键能力。

【范例3】工程实践类——大融合:搭建家庭迷你温室大棚[①]

本案例以"如何搭建一个适宜蔬菜生长的家庭迷你温室大棚"的驱动性问题来

---

① 薛仕静.STEM教育理念下的初中科学融合教学[J].福建教育,2019(14):13-15.

驱动浙教版《科学》八年级下册第 3 章"空气与生命"的复习拓展。本项目的学习成果是"适宜植物生长的家庭迷你温室大棚"。

具体的单元融合学习流程，如图 6-8 所示。

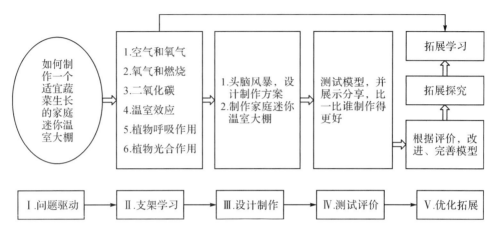

图 6-8　单元大融合学习流程

为了解决驱动性问题，学生除了激活支架学习内容，还得思考"如何获得充足的阳光？""如何选择覆盖和支架材料？""如何选择种植作物的品种？"等问题，如此一来就很好地将生物科学、地理科学和材料科学有机融合在一起。

在设计方案之后，学生制作的家庭迷你温室大棚如图 6-9 所示。

a　　　　　　　　　　　　b

图 6-9　家庭迷你温室大棚

之后，再引导学生从植物生长的效果、透光性、保温性、耐久性、艺术性、性价比六大方面去评价家庭迷你温室大棚的优劣，并加以改进完善。最后再拓展调查草莓大棚中的种植技巧和探究影响大棚蔬菜生长的各种因素。

整个项目经历了"创设工程模型的问题情境、为构建工程模型进行背景经验的学习、创设工程模型、应用和评价工程模型以及完善工程模型"等模型构建的过程，这种融合科学、工程和技术多学科的单元融合学习,既促进了学生综合运用光合作用和呼吸作用等知识解决实际问题能力的发展,又促进了学生协作交流、模型构建、批判性思维、创造和创新能力的发展。

本单元进行大融合的同时,在不同节次中还采用了中融合教学,如表 6-6 所示。

表 6-6　大融合、中融合、小融合的分布情况

节次	大融合	中融合	小融合
第 1 节 二氧化碳与温室效应	以"制作家庭迷你温室大棚"的驱动性问题驱动单元整体性学习	制作简易灭火器	—
第 2 节 植物呼吸作用		—	—
第 3 节 植物光合作用		—	—
第 4 节 自然界中氧循环		—	—
第 5 节 空气污染与保护		自制防雾霾口罩	—

本项目与本书第六章第二节【范例 3】"空气中二氧化碳和氧气含量为什么会保持相对稳定"项目可搭配使用,前面这个项目作为驱动本单元的新课教学,本项目则作为本单元的复习拓展课教学。

第 七 章

科学融合教学的素养课堂

科学融合教学是以项目化学习为基本的学习方式,以促进深度学习的真实发生为学习常态,以发展学生的科学核心素养为学习目标的一种科学教学新样态,是以培养学生成为能适应未来复杂世界挑战、全面发展的公民为宗旨的素养课堂。如何有效地实施科学融合教学的素养课堂? 本章将从"教学范式如何指向科学核心素养""教学设计模型如何促进深度学习"和"教学策略如何确保科学核心素养落地"三个方面加以阐述。

第一节 教学范式指向科学核心素养发展

科学融合教学范式有两种基本类型,分别为科学实践类教学范式和工程实践类教学范式。无论是哪一类教学范式,其各要素的目标指向及应用策略都指向科学核心素养,有利于学生科学核心素养的发展。

一、促进科学核心素养发展的理论框架

科学融合教学范式各要素都有相对应的学习目标,根据美国《新一代科学教育标准》科学与工程实践的主要内容和我国义务教育科学课程的核心素养内容,构建了科学融合教学范式、范式应用策略与核心素养发展的理论框架,如图 7-1 所示。

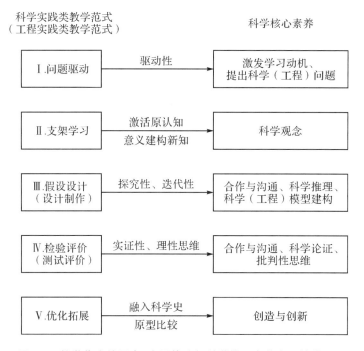

图 7-1 教学范式的要素、应用策略与科学核心素养发展的关系

从范式实施策略看,各个范式所采用的主要策略都指向科学核心素养的一些特定的"要素"。因此,只要我们在课堂教学中有效运用科学融合教学范式和主要的教学策略,就能提升学生的科学核心素养。

二、指向核心素养发展的教学范式应用策略

为确保科学融合教学的有效性,教学范式在应用教学设计和课堂教学过程中,一要根据教学实际灵活使用,不能简单地把范式要素与教学环节相等同;二要协调好科学学科核心素养和其他学科核心素养之间的关系,既要突出科学核心素养的发展,也要兼顾学生工程等学科素养的发展;三要协调好过程体验与知识结果之间的关系;四要处理好课内与课外之间的关系。在进行教学设计时,还应具体把握好以下操作要领。

(一)驱动性问题应具有驱动性

为了使驱动性问题具有驱动性的特质,驱动性问题还应具有真实性、统摄性和挑战性三大特征。例如,在"为学校阅览室量身定做 logo 投影灯"项目学习中,首先创设"播放商家 logo 投影灯广告"的真实情境,然后提出"为学校阅览室量身定做 logo 投影灯"的驱动性问题,要求:投影灯投影清晰美观,整体固定在盒子内部。一是该驱动性问题基于真实世界的生活情境提出真实的问题,因而它具有真实性;二是该驱动性问题蕴含本节课大部分乃至全部的核心学习内容,因而它具有统摄性;三是该驱动性问题具有"明确结果、模糊任务"之特征,所谓明确结果就是制作 logo 投影灯的目标要求是明确的,但设计制作 logo 投影灯的路径是不确定的,方法是多元的,因而它又具有挑战性。

总之,本项目始终围绕这一驱动性问题展开教学。设置在学生"最近发展区"的、具有"明确结果、模糊任务"特征的驱动性问题既确保了"学生跳一跳能摘到果子",又能确保学生持续、自主地深度探究,有利于激发学生的学习动机,促进学生对科学观念的深度理解。

(二)方案的设计应强调探究性和迭代性

在方案的设计环节教师要善于等待、充分放手,给学生提供充足的时间与空间,倡导方案的设计总是在不断优化与完善之中。例如在本书第六章第三节范例 2 的"制作简易的导电测试笔"项目学习中,充分放手让学生自主探究,方案设计也沿着电路图的改进—材料的选择优化—导电球的设计不断迭代优化,进而培养了

学生批判性思维和创造与创新的能力。

（三）在对作品进行测试与评价时，应倡导实证性和理性思维

如在评价学生自制导电测试笔的优劣时，必须以测试获得的事实、证据为依据，进行理性客观的科学论证。大量实践表明，本土化的科学融合教学策略不仅具有可操作性，而且还具有实效性；它既有利于科学融合教学的有效实施，也有利于创生科学教育新生态，促进学生批判性思维和创造与创新的能力的发展。

（四）在优化与拓展教学时，应倡导融入科学发展史

注重将制作的模型与产品原型，乃至当下最前沿的科技产品比较。例如在"自制温度计——感知科学发展之'冷暖'"项目学习中，从"假如你是科学家伽利略，你能利用相关器材设计世界第一支温度计吗?"的驱动性问题入手，沿着空气温度计—液体温度计—热敏温度计—紫外线温度计—双金属温度计展开教学，并创设"结合温度计的发展史，请你谈谈对科学发展的感悟"，最后再让学生充分展开想象：设计一款未来的温度计，简要说明它的样式和具有的奇特之处。此般教学不仅让学生深刻体验到"科学总是在继承中不断发展的""科学就在我们身边""敢于质疑，勇于探究""科学研究是一个漫长艰辛过程"等科学情感态度价值观，而且也能促进学生批判性思维和创造与创新能力的发展。

第二节　促进深度学习的教学设计模型

深度学习是科学融合教学必须达成的学习状态，以促进科学核心素养的发展。深度学习与核心素养犹如一枚硬币的两面，两者的相互关系在第三章第一节科学融合教学的理论框架中已做说明，这里不再赘述。

一、深度学习的内涵

深度学习的起源可以追溯到 20 世纪 50 年代，布鲁姆在《教育目标分类》中对认知维度层次的划分就体现了"学习有深浅之分"这一思想。Biggs(2001)指出，深

度学习是一种高水平或者主动地对知识进行认知加工的学习方式,对应的浅层学习则是对知识进行低水平的认知加工。

国内外学者对深度学习的内涵界定有四种观点:深度理解说、理解—迁移说、体验学习说、三元学习说。其中,理解—迁移说是对深度学习内涵的最为普遍的认识,其基本观点是在深度学习过程中,学习者不仅要进行复杂的高阶思维、精细的深度加工,还要在深度理解的基础上,主动建构个人知识体系,深度掌握高阶技能,并有效迁移应用到真实情境中来解决复杂问题。

段金菊、余胜泉认为,深度学习强调较高的认知目标层次,强调高阶思维能力的培养,强调学习过程中的反思与元认知,并且注重学习行为方面的高情感投入和高行为投入。

张浩、吴秀娟认为,深度学习要求学习者掌握非结构化的深层知识并进行批判性的高阶思维、主动的知识建构、有效的迁移应用及真实问题的解决,进而实现问题解决能力、批判性思维、创造性思维、元认知能力等高阶能力的发展。

美国卓越教育联盟(Alliance for Excellent Education)对深度学习进行了如下界定:以创新方式向学生传递丰富的核心学习内容,引导他们有效学习并能将其所学付诸应用,强调深度学习将标准化测试与掌握沟通、协作、自主学习等能力相连接。[①]

在 SDL(Study of Deeper Learning:Opportunities and Outcomes)研究中,威廉(William)和弗洛拉·休利特(Flora Hewlett)基金会在文献研究和广泛征求专家意见的基础上,对深度学习做了如下界定:深度学习是学生胜任 21 世纪工作和公民生活必须具备的能力,这些能力可以让学生灵活地掌握和理解学科知识以及应用这些知识去解决课堂和未来工作中的问题。主要包括掌握核心学科知识、批判性思维和复杂问题解决、团队协作、有效沟通、学会学习、学习毅力 6 个维度的基本能力。[②]

综上所述,这些定义是从学生核心素养出发诠释深度学习,学生核心素养发展是深度学习的必然结果。

---

① Alliance for Excellent Education,A time for deeper learning:Preparing students for a changing world[R]. Washington:Alliance for Excellent Education,2011.

② William and Flora Hewlett Foundation,Deeper Learning strategic plan summary education program[R]. Menlo Park:William and Flora Hewlett Foundation,2012.

二、深度学习的过程模式

科学融合教学旨在发展学生的科学核心素养。要发展学生的科学核心素养必须让学生开展深度学习。为了实现深度学习,国内外学者已开始关注深度学习的过程,也产生了一些深度学习的过程模型。

美国学者 Eric Jensen 和 LeAnn Nickelsen 在《深度学习的 7 种有力策略》一书中提出了深度学习过程模式,如图 7-2 所示,以推动学生深度学习为目的,设计了 7 个环节①。

图 7-2　深度学习过程示意图

环节①——设计标准与课程

教师始终从标准与课程着手,针对知识的内聚学习顺序和轻松记忆,他们将相似或相关的对象安排在一起,从而能够创造出有意义的教学单元。

环节②——预评估

有证据表明,具备不同先期知识的学生采用截然不同的加工策略,证据还表明,预评估可以帮助指导学生取得更好的学习成果(Kieser,Herbison,Waddell,Kardos,& Innes,2006)。因此,为了帮助学生达到学习的深层水平,应通过预评估以了解学生关于标准和目标他们已知道什么,并以此决定教师应当从哪里开始激活先期知识和加工策略。

环节③——营造积极的学习文化

有活力、轻松但灵敏的求知欲才是理想的学习状态。推动学生使之处于积极的激发的情绪状态,这样他们就会在乎学习,从而能帮助他们深切投身到自己的学习中。

环节④——预备与激活先期知识

学习就是将习得的新知识联结到学生现有的神经网状结构上。每一名学生踏上学习之旅时有着各自不同的图式或背景知识,所以教师需要采用多种方法来预备与激活先期知识,以便新的知识可以实现与每位学生现有的背景知识的联结。

---

① Eric Jensen,LeAnn Nickelsen. 深度学习的 7 种有力策略[M]. 温暖,译. 上海:华东师范大学出版社. 2010.

环节⑤——获取新知识

每一个大脑都是以不同的方式接收信息。因此,为促进新信息的获取,教师应采用多种策略。实现教学的多样化,是深度学习成功实施的关键。[①]

环节⑥——深度加工知识

精细的加工意味着学生依据所需学习的东西以多种方式在进行加工。这是差异化的最佳状态;为了达到所有标准的掌握水平,人们要花费比在学校中多得多的时间。佛罗里达州立大学心理学系的 K. Anders Ericsson 博士多年从事专家的知识的研究,他发现要花费特别多需要努力、有动机的练习才能达到专家的知识程度。这不是传统课堂的本质(Williams & Ericsson,2005)。

环节⑦——评价学生的学习

数据几乎普遍表明:反馈极大促进了课程结束考核成绩的提高和直接迁移成绩的提升(Mc Carthy,1995)。因此,反馈是优质课堂活动的组成部分,没有反馈几乎是不可能学会抽象的复杂认知技能的。

三、促进深度学习的教学设计模型

根据上述的深度学习过程模式和科学融合教学范式的基本特征关联性,我们提出了促进深度学习的教学设计模型,如图 7-3 所示。

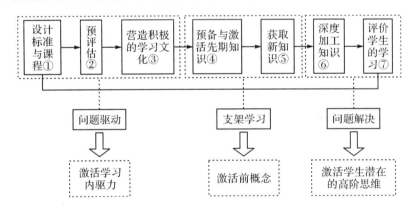

图 7-3　促进深度学习的教学设计模型

"问题驱动"环节的教学设计常采用逆向设计的方法确定评价方案,对学生学情和学习效果进行预评估,注重创设认知冲突等积极学习文化,其与深度学习的①②③策略相吻合,其中关键策略是激发学生的学习动机,激活学生学习内驱力;"支

---

①　谢杰妹.问题与任务:促进科学深度学习[M].杭州:浙江教育出版社,2018.

架学习"环节的教学设计内涵与深度学习的④⑤策略相吻合,其旨在激活学生原认知,意义建构新知识,关键策略是激活学生前概念;"问题解决"环节的教学设计内涵与深度学习的⑥⑦策略相吻合,关键策略是激活学生潜在的高阶思维。

例如用"简易 logo 投影灯制作"项目驱动浙教版《科学》七年级下册第 2 章第 6 节"透镜和视觉"的复习,具体学习流程如下。

Ⅰ.问题驱动

创设真实情境:播放商家 logo 投影灯广告。

提出驱动性问题:请利用下列器材,按要求制作一个简易 logo 投影灯。

器材:凸透镜(焦距 10 cm)、鞋盒、手电筒、透明 logo 图片、轻泥、刻度尺。

要求:① 在 15 分钟内完成;②投影灯的各部分结构应固定在鞋盒内,且应投影出清晰、尽可能大的图像。

Ⅱ.支架学习

活动:logo 图片、硬纸板(光屏)、手电筒各应放在如图 7-4 所示中的什么位置?要使 logo 图片所成的像清晰且越大,你会如何移动 logo 图片和光屏呢?

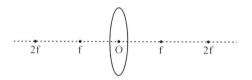

图 7-4 凸透镜的主光轴、光心、焦点和焦距

Ⅲ.设计制作

设计:按上述的驱动性问题的要求设计 logo 投影灯。

制作:选择一个最优的方案,并按照这个方案动手制作。如图 7-5 所示是学生一个作品。

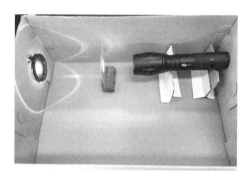

图 7-5 简易的 logo 投影灯

Ⅳ.测试评价

测试:先是各小组投影 logo 图片,记录制作所用的时间和像的大小(用直径大小表示)以及像的清晰度等。

评价:各小组再反思制作的成功经验和失败教训。

Ⅴ.优化拓展

优化:利用之前积累的经验或技能,优化与完善你的 logo 投影灯,使你投影出来的像达到最大且清晰。

拓展:为学校的阅览室量身定做 logo 投影灯。

为让科学融合教学的深度学习真实发生,应把握好如下的三个关键策略。

a.注重激活学习动机

根据 ARCS 的动机设计模式和五星教学法理论,在教学中研发了如下的可操作性策略。

一是在"问题驱动"教学时,注重设计具有真实性、统摄性、挑战性等特征的驱动性问题,以引发学习"注意",突出学习"针对性"。案例中的驱动性问题,一方面,基于生活世界的真实情境(商家广告),是一个真实的核心问题,它具有真实性和统摄性的特征;另一方面,它是一个具有明确结果的模糊任务,本任务在产品完成时间和功能上都有明确要求,但设计制作产品的路径和方法是不确定的、多元的,因而该驱动性问题具有挑战性。因此也有利于激发学生持续探究的学习动机。

二是在"支架学习"教学时,应注重为解决问题而学习,突出学习"针对性"。要完成这个简易 logo 投影灯的设计和制作的核心知识是凸透镜的成像规律。因此,聚焦这一核心知识展开学习意图明确,教学针对性强,有利于激发学生的学习动机。

三是在"设计制作""优化拓展"教学时,学习任务的能力水平要求应处在学生的"最近发展区",注重为学生提供成功的机会,以让学生"建立自信心"和"创设满意感"。如在本案例的测试和评价环节,为了得到清晰且最大的像,学生反思时出现的各种典型错误,如不断地移动手电筒、毫无目的移动图片或光屏等,这些都暴露了"学生原有知识不能有效迁移解决真实世界的复杂问题"的缺陷,有利于促进学生对凸透镜成像规律的深度理解,有利于促进学生合作与沟通、批判性思维、创造与创新能力的发展。

通过上述的交流评价,最后"优化拓展"这个环节是否可有可无呢?在当下的科学融合教学中,不少教师存在"重过程体验,轻知识结果"的误区。在他们看来,在科学融合教学中,学生知识掌握情况不重要,设计制作作品是否成功也不重要,只有过程体验才是重要的。于是他们觉得最后"优化拓展"这个环节是可有可无的。实则不然,那是一个画龙点睛之笔,为什么?

项目化学习有一个重要原则:"以掌握为终点"。ARCS 动机设计模式的最后一个要素是创设满意感。试想,学生在学习过程中,一而再,再而三的失败,学生哪来的成功感? 没有成功感哪来的满意感? 没有满意感又哪来学习动机?

可见,最后这个环节不仅是产品优化、学习评价的环节,更重要的是为学生创设一个体验成功的机会。只有不断地让学生体验成功,才会让学生获得满意感,进而激发学生持续探究的学习动机。

b. 注重激活学生的原认知

根据"激活原认知"(首要教学原理),在科学融合教学中,应创设激活学生已有知识的学习活动,促进学生对已有信息的提取和统整,促进学生对知识的意义建构。需要说明上述案例的上课对象是八年级下学期的学生,学生对凸透镜的成像规律早已淡忘。课上如果不进行复习,学生在设计制作简易 logo 投影灯时一片茫然,效果不尽如人意。实践表明,采用如上的支架学习活动效果很好,它能有效激活学生的原有认知,有利于学生迁移解决驱动性问题。

c. 激活学生潜在的高阶思维

问题解决的过程就是学生应用高阶思维解决实际问题的过程,根据首要教学原理等理论,在实践中我们研发了如下可操作性的策略。

一是迁移知识解决实际问题,突出"尝试应用"。如要求学生应用凸透镜成像规律解决"设计制作简易 logo 投影灯"的驱动性问题。

二是充分展评学习成果,反思学习过程的得失,突出"充分展示与反思"。如学生设计、制作好简易 logo 投影灯后,各小组学生纷纷展示各自作品,并基于测试数据对产品的优劣进行科学论证。

三是注重"拓展",迁移解决同一类新的实际问题,促进知识的"融会贯通"。如上述项目完成后,再要求学生拓展应用:为学校的阅览室量身定做 logo 投影灯,以接受更为复杂情境的真实问题的挑战,促进知识的融会贯通,提升学生解决实际问题的能力。

第三节　确保科学核心素养落地的教学策略

本章第一节和第二节分别从范式、模型的维度论述促进科学核心素养发展和深度学习发生的策略,本节主要从实践操作层面阐述科学融合教学如何确保科学核心素养的落地生根。

一、大概念教学:提升学生核心素养的催化剂

大概念(big ideas)也被译为大观念、核心概念、框架概念等,依据所适用的范围不同,大概念有跨学科大概念和学科大概念之分。说到底就是"上位知识",是一种"高度形式化、具备认识论与方法论层次意义、普适性极强的概念"。① 从学科知识关系的角度来看,大概念位于学科知识金字塔的顶端,极具抽象性、概括性、包容性。② 是指能反映学科的本质,居于学科的中心地位,具有较为广泛的适用性和解释力的原理、思想和方法。③ 它是一个学科中最精华、最有价值的内容。

大概念有不同的知识层级结构,如图 7-6 所示,学科大概念是指能反映学科的特质,居于学科的中心地位,具有较为广泛的适用性和解释力,具有超越课堂的持久价值和迁移价值的原理、思想和方法。④

① 赵康.大概念的引入与教育学变革[J].教育研究,2015(2):33-40.
② 余文森.论学科核心素养形成的机制[J].课程·教材·教法,2018(1):4-11.
③ 顿继安,何彩霞.大概念统摄下的单元教学设计[J].基础教育课程改革,2019(18):6-11.
④ 何彩霞.化学学科核心素养导向的大概念单元教学探讨[J].化学教学,2019(11):44-48.

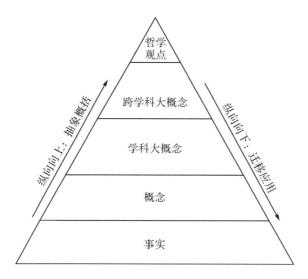

图 7-6　聚焦大概念的知识层级结构

(一)基于科学大概念开发科学融合教学课程

英国学者温·哈伦(Wynne Harlen)女士在《科学教育的原则和大概念》一书中指出:"科学大概念是有组织、有结构的科学知识和模型,这些大概念能够解释大范围内的一系列相关现象。"

在这本书中,列出的科学概念(1—10 个)和关于科学的概念(11—14 个)[①]。

(1)宇宙中所有的物质都是由很小的微粒构成的。

(2)物体可以对一定距离以外的其他物体产生作用。

(3)改变一个物体的运动状态需要有净力作用于其上。

(4)当事物发生变化或被改变时,会发生能量的转化,但是在宇宙中能量的总量总是不变的。

(5)地球的构造和它的大气圈以及在其中发生的过程,影响着地球表面的状况和气候。

(6)宇宙中存在着数量极大的星系,太阳系只是其中一个星系——银河系中很小的一部分。

(7)生物体是由细胞组成的。

---

① 　Wynne Harlen 等.科学教育的原则和大概念[M].韦钰,译.北京:科学普及出版社,2011.

(8)生物需要能量和营养物质,为此它们经常需要依赖其他生物或与其他生物竞争。

(9)生物体的遗传信息会一代代地传递下去。

(10)生物的多样性、存活和灭绝都是进化的结果。

(11)科学认为每一种现象都具有一个或多个原因。

(12)科学上给出的解释、理论和模型都是在特定的时期内与事实最为吻合的。

(13)科学发现的知识可以用于开发技术和产品,为人类服务。

(14)科学的应用经常会对伦理、社会、经济和政治产生影响。

在本书第五章第一节中我们曾讨论:怎样的知识最适合开展科学融合教学?围绕"少而精"的核心概念整合教学内容,促进学生深度学习,并在深度学习中发展学生的学科核心素养,已是科学教育研究的共识。[①] 实践证明,基于大概念开发的科学融合教学课程,如表7-1所示,都收到了事半功倍的效果。

表 7-1　科学融合教学课程与科学大概念

科学融合教学课程	指向的科学大概念
自制动植物细胞模型	细胞结构与功能相适应
萌发的召唤——种植熊童子	生物与环境相适应、土壤结构与功能相适应
简易 logo 投影灯制作	凸透镜成像规律
制作简易的身高体重测量仪	电流表、电压表和滑动变阻器的使用,串并联电路特点、欧姆定律

需要特别说明的是,在"萌发的召唤——种植熊童子"课程中,主要运用了根的向肥性、向水性,不同土壤性状对植物生长有不同影响等科学知识解决"种植熊童子"所遇到的问题。在以"核心内容年年考"为导向的中考中,压根就没有这些知识点的身影,显然不是老师们教学的"核心内容",但是将这些下位概念上升到上位概念——大概念角度来教学,其重要性和意义就不言而喻。况且这个项目的实施有利于培育学生的审美情趣,提升学生的生活品质。

(二)围绕科学大概念进行科学融合教学设计

根据本书第五章第二节构建的科学融合教学课程的系统设计模型,在选定了

---

① 张玉峰.基于学习进阶的科学概念教学内容整合[J].课程·教材·教法,2019(1):99-105.

课程主题(或称项目化学习主题)之后,为确定合适的学习目标,如何建构大概念视域下的核心知识? 它又有哪些构建的方式? 如图 7-7 所示。

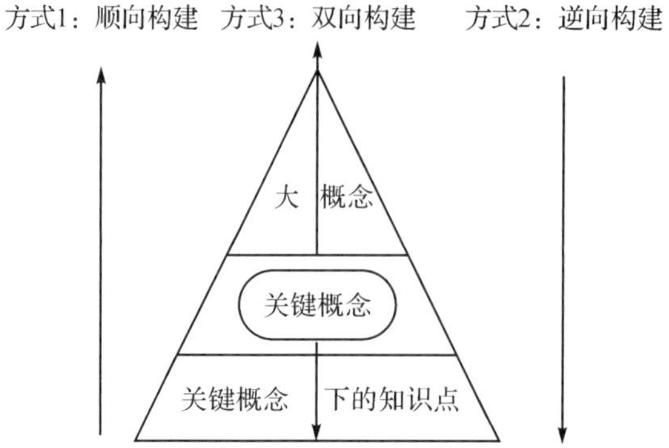

方式1:顺向构建　方式3:双向构建　　方式2:逆向构建

图 7-7　核心知识及其建构方式的模型

大概念视域下的核心知识具体包括跨学科和学科大概念是什么? 通过哪些关键概念反映出来? 在这些关键概念下的知识点是哪些?① 该核心知识的确定通常有顺向构建、逆向构建和双向构建三种方式。

1. 顺向构建

它是指沿着"由关键概念下的知识点(小概念)至大概念"的顺序构建核心知识,即从教材知识点和学生的迷失概念开始往上寻找更适合的上位概念。

例如在浙教版《科学》八年级上册第 3 章第 3 节"神经调节"第 1 课时教学时,从教学内容出发选定"纸币为什么老抓不住"项目(见本书第六章第二节范例 2)学习后,我们采用顺向构建的方式对科学融合教学的核心知识进行设计,如图 7-8 所示②。聚焦学科本质的三个核心问题,沿着"是什么"(关键概念下位的知识点)、"怎么样"(关键概念),再到更上位"为什么"(大概念)顺序构建本项目学习的核心知识。

---

①　夏雪梅.项目化学习设计:学习素养下的国际与本土实践[M].北京:教育科学出版社,2018.

②　薛仕静.基于核心素养的教学设计——以"神经调节"一节为例[J].中学生物教学,2018(8):36-38.

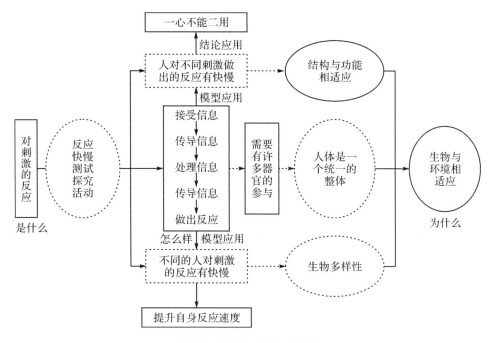

图 7-8　顺向构建的知识框架

在教学时,从"对刺激的反应"入手,围绕反应快慢测试的探究活动展开,以促进学生自主建构:"对刺激的反应是一个接受、传导、处理信息和做出反应的连续过程""对刺激的反应需要许多器官参与"以及"人体反应是有快慢的"知识,并以这些概念为基础,抽象概括出关于生命本质的观点、思想(大概念),如"结构与功能相适应""人体是一个统一整体""生物的多样性"以及"生物与环境相适应"的生命观念,以达到认识生命世界、解释生命现象之目的,有利于促进学生关键能力的形成和深度学习的发生。

2.逆向构建

它是指沿着"由大概念至关键概念下的知识点(小概念)"的顺序构建核心知识,即从《课程标准》、抽象的学科,跨学科概念往下寻找特定的知识内容和主题。

例如用"自然界中氧气和二氧化碳的含量为什么能保持相对稳定"的社会性议题进行浙教版《科学》八年级下册第3章单元统整,常用逆向构建的方式,从环境保护的大概念出发进行核心知识的梳理,如图7-9所示。

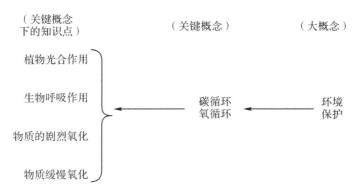

图 7-9　逆向构建的知识框架

3.双向构建

它是指沿着关键概念出发,分别从顺向和逆向两个方向构建核心知识。

例如在"简易暖宝宝的设计和制作"(九年级专题复习拓展)一课教学时,在确定开展这一项目学习时,本项目学习所需用到的关键概念(有些化学反应会释放出热量)是确定的,但本节课的核心知识是比较模糊。于是从关键概念出发,向上发展寻找上位的大概念(能量守恒定律),向下细化哪些化学反应会释放出能量,进而构建本项目学习的核心知识,如图 7-10 所示。

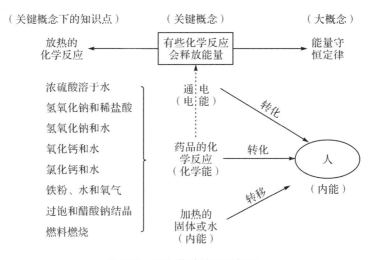

图 7-10　双向构建的知识框架

(三)将跨学科大概念渗透在科学融合教学之中

美国《新标准》提出了七大跨学科的概念(叶兆宁等,2018):模式;因果关系;方式及其解释;度量、比例和数量;系统和系统模型;能源和物质;流动、循环和储存;结构与功能;稳定性和变化。

例如在本书第七章表 7-1 中,进行"自制动植物细胞模型""萌发的召唤——种植熊童子"教学时最好将细胞结构与功能相适应和土壤结构与功能相适应的学科大概念进一步上升到更上位的跨学科大概念(结构与功能)来教学;又如在"制作简易的身高体重测量仪""简易 logo 投影灯制作"的科学融合教学时,围绕产品模型的组成与结构发生变化,其功能也相应变化的特点,渗透"结构与功能"跨学科大概念。

又如运用"面对新冠肺炎我们如何抗疫"项目来驱动浙教版《科学》九年级下册第 3 章第 2 节"来自微生物的威胁"的新课学习,聚焦"因果关系"的跨学科大概念开展教学,如图 7-11 所示,收到良好效果。

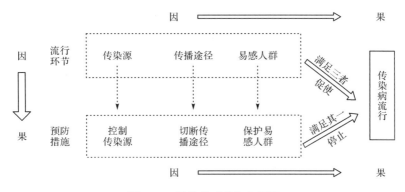

图 7-11　因果关系的知识框架

这些大概念也被用在 STEM 教育中,统合每个领域的学科概念、原理,发展学生的认知(批判性思维、创造性)、人际交往(沟通、合作)和个性特征(灵活性、主动性)等(National Research Council,2011)。实践中,反复使用这些概念进行科学融合教学,可以强化学生对科学核心概念的理解,促进科学核心素养的发展。

二、高阶学习:带动低阶学习的发动机

科学融合教学是指在初中科学教学中融入 STEM 教育理念的一种综合性教学,项目化学习是其主要的学习方式。而项目化学习在一开始就用具有挑战性的问题创设高阶思维的情境,激发学生学习的内动力,明确对学生提出带有问题解决、创造、系统推理分析等高阶认知策略的项目任务,让学生在由强大的驱动性问题所产生的内动力中创造一个真实的作品(Perkins,2016)。

布鲁姆教育目标分类学认为,记忆、理解、应用是低阶思维,分析、评价、创造是

高阶思维。

"科学融合教学范式指向核心素养发展"的观点在本章第一节已有论述,从布鲁姆教育目标分类的角度来看,Ⅰ.问题驱动要素强调基于真实世界的复杂情境;Ⅱ.支架学习要素主要强调基本知识与技能的意义学习,提倡更多地培养学生的高阶思维;Ⅲ.假设设计(或设计制作)要素则主要指向了分析、评价等高阶思维的发展;Ⅳ.检验评价(或测试评价)和Ⅴ.优化拓展要素也主要指向了评价和创造高阶思维的发展。而高阶思维和真实世界的复杂情境则是核心素养的两个主要方面,因此,本教学范式指向科学核心素养的发展。

实际上,解决实际问题的过程就是运用高阶思维认知策略的过程,在这个过程中也离不开收集、记忆和处理信息等低阶思维的认知策略。

例如用"自制简易的良心壶"项目驱动浙教版《科学》八年级上册第2章第3节"大气的压强"的复习,本项目围绕"你能设计、制作一个操作方便、容积足够大的简易良心壶吗?"的驱动性问题展开,按照问题驱动、支架学习、设计制作、测试评价和优化拓展的流程进行学习。

学生的设计方案多种多样,归纳起来大致有如下三种,如图7-12所示。

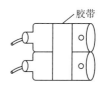

图7-12 不同的设计方案

针对不同的问题解决方案,需要展开分析、评价,并从中选择一个最佳方案。然后学生再根据方案动手制作良心壶模型,如图7-13所示。

图7-13 良心壶模型

模型制作完毕后,学生还要先测试自制的模型是否符合要求,并基于测试的数据进行展示和科学论证,其间学生会提出各种各样的质疑,如①为什么两个注水孔都在上面？②如果一个注水孔在下面，液体倒进后为什么不会流出？③两个"容器"的液体都从一个口出来，两种液体不就混合起来了？④能不能自如控制多种液体的流出？……

面对这些问题我们又应如何解决？这些问题的提出和解决，有利于培养学生评价、创造等高阶思维，进而促进学生科学核心素养的发展。但是，学生在运用高阶思维解决实际问题的过程中，还是需要大量的低阶认知策略：对问题情境中已有的信息进行收集、整理、分类，从中明确限制性的条件和可以解决问题的路径。如学生在解决问题之前，首先需要厘清如下的问题和制约因素：①良心壶模型是由哪些部分组成的？它的工作原理是什么？②如何注入两种液体，并按需倒出其中的一种液体？③自制的良心壶模型应符合哪些具体的评价标准？等等。同样地，在上述评价和优化方案的环节，学生在运用高阶思维认知策略学习时，也依然离不开低阶认知策略，如学生需要通过实验、观察等方式收集信息、记忆信息，应用大气压等背景经验，去推理、评价和创造。

三、教—学—评一致性：发展学生核心素养的保障

科学融合教学是否有效？其指向科学核心素养的目标能否达成？教—学—评一致性是有效教学的重要路径。何谓教—学—评一致性？韦伯认为，一致性是指"两种或更多事物之间的吻合程度，即事物各个部分或要素融合成一个和谐的整体，并指向对同一概念的理解"[1]。

华东师范大学崔允漷教授认为，教—学—评一致性是由目标导向的学—教一致性、教—评一致性和评—学一致性三个因素组成，它们两两之间存在着一致性的关系，然后组成一个整体，构成教—学—评一致性的所有内涵，如图 7-14 所示[2]。那么，在科学融合教学中如何体现教—学—评的一致性？

———————————

① Webb. N. L. Alignment of science and mathematics standanls in four states［M］. Council of chief stares Washington DC：National Institute for Science Education（NISE.）Pulileations. 1999.

② 崔允漷,雷浩. 教—学—评一致性三因素理论模型的建构［J］. 华东师范大学学报,2015（4）:15-22.

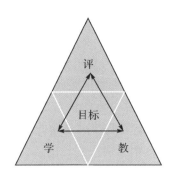

图 7-14　教一学一评一致性理论模型

(一)科学关键能力的进阶学习目标

清晰的目标是教一学一评一致性的前提和灵魂。而促进学生关键能力的发展是科学融合教学的宗旨目标之一。科学融合教学坚持与其目标一致的评价导向,结合我国义务教育科学课程核心素养所要求的关键能力,美国《新一代科学教育标准(NGSS)的科学与工程实践》和美国 21 世纪学习联盟制定的 4C 能力,以及休利特基金会定义的深度学习的 6 个能力,通过筛选、整合、细化,形成如表 7-2 所示的进阶学习目标。

表 7-2　科学关键能力的进阶学习目标

一级维度		进阶学习目标
掌握科学大观念的能力		①学习、记忆和回忆相关领域内容,并知道用语言描述 ②能理解一个科学领域内容的基本原则和关系,并能在一个概念框架中组织信息 ③具备一个学科领域的程序性知识和知道知识是如何产生的以及专家是如何解决问题的 ④能将科学知识应用到新的任务和情境当中 ⑤喜欢并能完成一些具有挑战性的任务,将学科知识应用到非常规的任务中去 ⑥能将事实、过程以及理论应用到真实世界中
问题解决能力	探究实践	①提出(工程)问题;②设计(工程)方案;③建构(工程)模型
	创设和使用模型	①感知模型;②创设模型;③应用模型;④评价模型;⑤完善模型
	科学推理	①根据已有判断,通过分析和综合对简单问题做出新判断的能力 ②根据已有判断,通过分析和综合对复杂问题做出新判断的能力
	科学论证	①基于证据辩论,以支持自己或评估他人的理解 ②基于证据辩论,以修正、优化(工程)设计方案

一级维度	进阶学习目标
沟通能力	①能够有效地组织信息和数据 ②在写作和口头展示上能够向他人有效地表达复杂概念 ③能够听取和接受来自其他学生的反馈和想法 ④能够给他人提供建设性和合理的反馈 ⑤能够理解一个有效的沟通需要反复修改和讨论 ⑥能够根据不同的意见修改自己的信息
合作能力	①能按团队意愿明确团队目标 ②能接受不同人的观点 ③能共同计划问题解决的方案(包括步骤、必需的资源等) ④能合作完成任务和解决问题
批判性思维	①能够对一个方案或观点的合理性和科学性做出判断,并说明理由 ②能够对一个方案或观点提出不同的建议或意见 ③能够对一个方案或观点提出合理的优化建议或意见
创造与创新	①模仿(将对原有模型或原型的理解同化性迁移到模型设计和建构上) ②改进(将对原有或新构建模型的理解协调性迁移或重组性迁移到方案和模型的优化上) ③创生(将对其他的模型或原型的理解进行特殊迁移,能原创性提出自己的理解或设计,并原创性构建模型)

(二)以建模为载体的核心素养评价

创设和使用模型是科学和工程实践的重要内容,建模能力体现科学和工程实践本质的要求,是科学融合教学的核心价值。如表 7-3 所示,科学融合教学经历了问题驱动等 5 个阶段的学习,其本质就是学生对科学模型或工程模型的构建和优化的过程,学生的科学核心素养正是在这一过程中得以进阶发展。换而言之,在学生创设模型、应用模型、评价模型和完善模型等不同水平的建模能力得以进阶发展的同时,其他关键能力也随之得到了相应的发展。为此,科学融合教学不仅应聚焦不同学习阶段、不同水平的建模能力目标的评价,而且还得相应地关注各阶段的关键能力发展的评价。以建模为载体的核心素养评价具体应用可见本书第六章第二节和第三节中的范例。

表 7-3　学习进程、模型构建及其关键能力发展

学习进程	模型构建和优化过程	其他关键能力的发展
Ⅰ.问题驱动	创设构建模型的问题情境	提出科学或工程问题

续　表

学习进程	模型构建和优化过程	其他关键能力的发展
Ⅱ.支架学习	为构建科学或工程模型奠定基础	—
Ⅲ.假设设计或设计制作	创设科学或工程模型	合作与沟通、科学推理、模型构建
Ⅳ.检验评价或测试评价	应用和评价科学或工程模型	合作与沟通、科学论证、批判性思维
Ⅴ.优化拓展	完善科学或工程模型	创造与创新
备注	在"支架学习"的阶段,不同课程的关键能力发展差异性很大,可能会指向科学推理、科学论证、合作与沟通及探究等关键能力,也可能指向其中的一种或几种关键能力……	

（三）指向科学核心素养的逆向设计

1.指向关键能力的逆向设计测评方案

"促进理解"是美国课程改革中近年涌现出来的一种新理论、新实践。"逆向设计"是该理论的重要方面。因此,上课之前首先确定科学融合教学要带领学生"到哪里去",以及用什么方法证明学生"已到那里",如表7-4所示,制订好包括科学融合教学目标、测评工具或方法的评价方案。下文均以"制作简易的导电测试笔"一课为例。

表7-4　指向关键能力学习目标的确定和测评

关键能力	相应的学习目标	测评工具或方法
掌握科学大概念的能力	通过黑盒问题,探究导电测试笔的工作原理,理解结构与功能大概念	通过选择合适的器材设计和制作简易的导电测试笔
问题解决能力	通过设计、制作简易的导电测试笔,培养学生创设和使用模型等问题解决能力	设计与制作简易的导电测试笔的测评量表
合作能力	通过小组合作设计、制作简易的导电测试笔,培养学生的合作能力	学生合作能力的自评与互评量表
沟通能力	通过成果展示、交流评价等活动,培养学生的沟通能力	成果展示交流的自评与互评量表
批判性思维	通过学习成果评价活动,培养学生批判性思维	方案优化及评价量表
创造与创新	通过对导电测试笔模型的构建和优化活动,培养学生的创造与创新能力	比较导电测试笔模型的设计方案与模型的优化措施

2.指向关键能力的系列评价量表

基于表 7-4 中的测评工具或方法,设计各种评价量表,既注重过程性评价,也注重结果性评价。

(1)指向过程的测评量表的设计。指向过程评价的量表包括团队建设评价量表、学生合作能力自评与互评量表等,如表 7-5 和表 7-6 所示的两个量表,它们是对表 7-2—表 7-4 的具体应用。

表 7-5　学生在主要学习阶段的过程性评价(教师用)

学习阶段		过程性评价	优秀	合格	待合格	得分
设计制作 (创设模型)		设计应对问题的模型	2	1	0	
		符合问题的所有参数	2	1	0	
		依照设计图的外形来制作	2	1	0	
测试评价 (应用与评价模型)	测试	能合作设计合理的测试方案	2	1	0	
		能基于证据检测模型是否达到技术功能	2	1	0	
	展示	重申了问题	2	1	0	
		介绍清楚模型的特点	2	1	0	
		能说出自己小组模型的创意	2	1	0	
		介绍模型时对自己的模型有进一步思考	2	1	0	
	评价	能对他人的方案或观点的合理性做判断	2	1	0	
		能对他人的方案或观点提出不同的意见	2	1	0	
		能对方案或观点提出优化建议或意见	2	1	0	
优化拓展 (完善模型)		优化以模仿为主	2	1	0	
		优化以改进为主	2	1	0	
		优化以创生为主	2	1	0	

表 7-6　学生合作能力的自评与互评量表（学生用）

合作能力	等级			自评	互评			得分
	优秀	合格	待合格	本人姓名	组内其他同学姓名			
				张三	同学 1	同学 2	同学 3	
能按团队意愿明确团队目标	2分	1分	0分					
能接受不同人的观点	2分	1分	0分					
能共同计划问题解决的方案	3分	2分	0分					
能合作完成任务和解决问题	3分	2分	0分					

（2）指向结果的测评量表的设计。学习成果是学生学习效果可视化的一种表现形式，作品的优劣是评判学生学习效果好坏的一种重要标志，因此设计好产品评价量表，就显得尤为重要。在这个产品评价量表中植入"专家的思考"，构建了三个维度的产品评价量表模型。具体如表 7-7 所示。

表 7-7　评价量表（学生用）

评价维度	A	B	C	自评	互评	得分
科学性（6分）	检测准确、灵敏（6分）	检测比较准确、比较灵敏（3分）	检测不准确、不灵敏（0分）			
实用性（2分）	使用和携带方便（2分）	使用和携带方便，但有时会脱落（1分）	使用和携带都不方便（0分）			
美观性（2分）	外形美观、结构合理（2分）	外形比较美观，但结构不合理（1分）	外形不美观，结构不合理（0分）			

参考文献

［1］中华人民共和国教育部.义务教育科学课程标准(2022 年版)［M］,北京:北京师范大学出版社,2022.

［2］蔡铁权,姜旭英.科学课程与教学研究［M］.杭州:浙江大学出版社,2008.

［3］中华人民共和国教育部.义务教育课程标准［M］.北京:人民教育出版社,2011.

［4］杨亚平.美国、德国与日本中小学 STEM 教育比较研究［J］.外国中小学教育,2015(8):23-30.

［5］金慧,胡盈滢.以 STEM 教育创新引领教育未来——美国《STEM 2026:STEM 教育创新愿景》报告的解读与启示［J］.远程教育杂志,2017(1):17-25.

［6］Domestic Policy Council,Office of Science and Technology Policy. American Competitiveness Initiative:LeadingtheWorldinInnovation［DB/OL］.(2006-02-02)［2017-06-01］.https://files.eric.ed.gov/fulltextED503266.pdf.

［7］NSB. American Competitiveness Initiative:Leading the World in Innovation［DB/OL］.(2007-12-30)［2019-08-01］https://www.nsf.gov/pubs/2007/nsb07114/nsb07114.pdf.

［8］National Research Council. A Framework for K-12 Science Education:Practices,Crosscutting Concepts,andCore Ideas［M］. Washington DC:The National Academies Press,2012:7-15.

［9］DCl Arrangements of the Next Generation Science Standards［EB/OL］.(2013-04-17)［2017-06-02］.https://www.nextgenscience.org/Search-standards.

［10］王素,李正福.STEM 教育这样做［M］.北京:教育科学出版社,2019.

［11］戴尔·H.申克.学习理论:教育的视角［M］.书小满,等,译.南京:江苏教育出版社,2007.

[12] 施良方.学习论[M].北京:人民教育出版社,2003.

[13] 高文.教学模式论[M].上海:上海教育出版社,2002.

[14] 何克抗.建构主义——革新传统教学的理论基础[J]电化教育研究.1997(3):3-92.

[15] 谭永平,刘丹.美国《新一代科学教育标准》科学与工程实践内容简介[J].湖南教育,2014(4):4-7.

[16] 唐小为,丁邦平."科学探究"缘何变身"科学实践"——解读美国科学教育框架理念的首位关键词之变[J].教育研究,2012(11):141-145.

[17] Rodger,W. B..Scientific and Engineering Practices in K-12 Classrooms:Understanding "A Framework for K-12 Science Education". Science Teacher,2011,78(9).

[18] Thomas,E. K.,Greg,P.. A Framework for K-12 Science Education:Increasing Opportunities for Student Learning. Technology and Engineering Teacher,2012(2).

[19] 罗伯特·M.卡普拉罗,玛丽·玛格丽特·卡普拉罗,詹姆斯·R.摩根.基于项目的STEM学习[M].上海:上海科技教育出版社,2016.

[20] 余胜泉,胡翔.STEM教育理念与跨学科整合模式[J].开放教育研究,2015(4):13-22.

[21] 安奈特·科莫斯,钟秉林编. 基于问题的学习:理论与实践[M]. 杜翔云,等,译. 北京:高等教育出版社,2013.

[22] 夏雪梅.项目化学习设计:学习素养下的国际与本土实践[M].北京:教育科学出版社,2018.

[23] 杨双玲,张义兵,濮荔.基于博客的项目化学习的教学实践研究——以"小学三年级综合实践课"为例[J].中国信息技术教育,2015(8):51-52.

[24] M.戴维·梅里尔.首要教学原理[M].盛群力,钟丽佳,等,译.福州:福建教育出版社,2016.

[25] Grant Wiggins,Jay Mc Tighe.理解力培养与课程设计[M].么加利译.北京:中国轻工业出版社,2003.

[26] 何晔,盛群力.理解的六个维度观——知识理解的新视角[J].全球教育展望,2006(7):27-31.

[27] 盛群力,李志强.现代教学设计论[M].杭州:浙江教育出版社,1988.

[28] Kieran Egan. Learning in depth:A simple innovation that can transform

chooling[M]. London，sOntario：The Althouse Press，2010.

[29] 钱旭升. 论深度学习的发生机制[J]. 课程·教材·教法 2018(9):68-74.

[30] 约翰·杜威. 我们怎样思维. 经验与教育[M]. 姜文闵, 译. 北京: 人民教育出版社, 1991.

[31] 张奠宙. 数学教育研究导引[M]. 南京: 江苏教育出版社, 1998.

[32] 林静. 教学作为实践的科学——美国科学教育实践转向的内涵、依据及启示[J]. 教育科学, 2014(1):79-83.

[33] 万东升, 魏冰. 以当代科学实践为情境的科学教学模式初探[J]. 课程·教材·教法, 2016, 36(12):85-90.

[34] 张华. 论学科核心素养——兼论信息时代的学科教育[J]. 教育文化论坛, 2019(2):130.

[35] 班固. 汉书[M]. 北京: 中华书局, 2000.

[36] 曾子. 大学全解[M]. 北京: 中国华侨出版社, 2016.

[37] 毛泽东. 毛泽东选集: 第1卷[M]. 北京: 人民出版社, 1991.

[38] 刘晓琳, 黄龙怀, 从知识走向智慧: 真实学习视域中的智慧教育[J]. 中国电化教育, 2016(3):14-20.

[39] 薛仕静. 指向初中科学核心素养的STEAM课程[M]. 杭州: 浙江工商大学出版社, 2019.

[40] 薛仕静. "STEM教育+": 基于科学的学科融合教学的策略研究[J]. 教学月刊, 2019(1):15-18

[41] 王敏勤. 课程与教学的关系与整合[J]. 中国教育学刊, 2003(8):26-28.

[42] 陈锋. 2016. 初中科学概念教学新范式的实践探索[J]. 上海教育科研, 2016(11):84-87.

[43] 薛仕静. STEM教育理念下的初中科学融合教学[J]. 福建教育, 2019(14):13-15.

[44] 居晓波. 面向设计思维的项目化学习支架[J]. 教育, 2021(36):62-63.

[45] 薛仕静. 自制简易身高体重测量仪[Z]. 浙江: 省教育厅嘉兴送教百人千场, 2020.

[46] 薛仕静. 初中科学PBL新课教学范式的实践探索[J]. 生物学教学, 2018(10):20-21.

[47] 薛仕静. 基于核心素养的教学设计——以"神经调节"一节为例[J]. 中学生物教学, 2018(8):36-38

[48] 赵中建.基于项目的 STEM 学习[M].上海:上海科技教育出版社,2016.

[49] Alliance for Excellent Education，A time for deeper learning：Preparing students for a changing world［R］. Washington；Alliance for Excellent Education,2011.

[50] William and Flora Hewlett Foundation，Deeper Learning strategic plan summary education program[R]. Menlo Park：William and Flora Hewlett Foundation，2012.

[51] Eric Jensen,LeAnn Nickelsen.深度学习的 7 种有力策略[M].温暖,译.上海:华东师范大学出版社.2010.

[52] 谢杰妹.问题与任务:促进科学深度学习[M].杭州:浙江教育出版社,2018.

[53] 赵康.大概念的引入与教育学变革[J].教育研究,2015（2）:33-40.

[54] 余文森.论学科核心素养形成的机制[J].课程·教材·教法,2018(1):4-11.

[55] 顿继安,何彩霞.大概念统摄下的单元教学设计[J].基础教育课程改革,2019(18):6-11.

[56] 何彩霞.化学学科核心素养导向的大概念单元教学探讨[J].化学教学,2019(11):44-48.

[57] Wynne Harlen 等.科学教育的原则和大概念[M].韦钰,译.北京:科学普及出版社,2011.

[58] 张玉峰.基于学习进阶的科学概念教学内容整合[J].课程教材教法,2019(1).

[59] Webb. N. L. Alignment of science and mathematics standanls in four states. Council of chief stares Washington DC：National Institute for Science Education(NISE.) Pulileations. 1999.

[60] 崔允漷,雷浩 教—学—评一致性三因素理论模型的建构[J].华东师范大学学报,2015(4):15-22.

后　记

　　本书得以出版,特别感谢温州市科技局为本项目提供的全方位支持;特别感谢陕西师范大学博士生导师、教授李高峰,省特级教师潘建中,胡玫,杨向群,陈素平,陈锋,庄振海,谢杰妹等领导、恩师和朋友多年来的关心、指导和支持;感谢王劲、叶小忠、林梦野、董建光、陈振峰、石琦、林冬冬、傅珞、许洁、周春春、史春燕、王文杰等课题组成员、鹿城区"STEM 教育+"项目组成员、温州市初中科学薛仕静名师工作室全体学员,他们的探索实践使我在指导课堂教学和课题等研究中得以教学相长。

　　本书能在较短的时间里顺利出版,还要感谢浙江工商大学出版社周敏燕、厉勇等编辑的大力支持。

　　由于本人水平所限,加上时间仓促,书中难免有疏漏之处,敬请读者朋友批评指正!

薛仕静
2022 年 2 月 18 日